Conjuros y

-Los secretos de la hechicería-

Alexander Rosacruz

Editorial Anuket

Temario:

Cap. 1 Los orígenes de la hechicería
Cap. 2 La manera de convertirse en un mago
Cap. 3 Diferentes tipos de rituales mágicos
Cap. 4 El mal de ojo y métodos mágicos de protección
Cap. 5 El poder del color
Cap. 6 Cómo llamar a los espíritus
Cap. 7 Demonios oscuros
Cap. 8 La técnica de la Ouija

Capítulo 1
Los orígenes de la hechicería

La hechicería es una práctica que ha existido en diversas culturas y sociedades a lo largo de la historia. A menudo se asocia con la magia y se utiliza para referir a la capacidad de manipular fuerzas sobrenaturales y así lograr un propósito específico. También se la considera como una forma de espiritualidad que involucra el uso de símbolos, rituales y objetos con el fin de crear cambios en el mundo físico.

Desde tiempos inmemoriales, las personas han querido entender cómo influir de alguna manera en su entorno. La ignorancia, los elementos rebeldes de la naturaleza, las enfermedades y el hambre asustaron a las primeras personas. Hoy, la psique humana generalmente ha cambiado poco. El hombre moderno también teme a lo que no puede dominar: la muerte, los desastres naturales, el dolor emocional... En este caso, la magia ha colaborado durante mucho tiempo a que las personas logren sus objetivos, o al menos encuentren tranquilidad, que de otra manera no alcanzarían.

La mayoría de los ocultistas definen la magia como una ciencia natural que estudia la manipulación de las energías astrales y psíquicas.

La hechicería se divide en diferentes categorías según la cultura o la tradición. Algunas de las formas de hechicería más conocidas son la brujería, la magia negra y la magia blanca. Aunque estas prácticas pueden tener diferentes objetivos y enfoques, todas implican una creencia en el poder de la energía espiritual.

La brujería es una forma de hechicería que se originó en Europa y se asoció tradicionalmente con la adoración de los dioses del inframundo. La brujería puede incluir prácticas como la lectura de cartas, la preparación de pociones y la realización de rituales. Sus practicantes a menudo se enfocan en la sanación y el bienestar emocional, así como en la protección de la naturaleza y la conexión con el mundo espiritual.

La magia blanca es una forma de hechicería que se enfoca en el uso de la energía espiritual para crear cambios positivos en el mundo. Los practicantes de la magia blanca a menudo utilizan rituales y objetos simbólicos para enfocar su energía en un objetivo específico, como la curación, la prosperidad o la protección. La magia blanca se basa en la creencia de la bondad inherente del universo y en la capacidad de los seres humanos para conectarse con esa bondad.

La magia negra, por otro lado, es una forma de hechicería que se enfoca en la obtención de resultados rápidos y poderosos. Sus practicantes a menudo utilizan rituales que involucran la invocación de entidades espirituales oscuras o la manipulación de energías negativas. Esta práctica ha sido asociada a menudo con la maldad y el daño, aunque algunos argumentan que la magia negra no es inherentemente mala, sino que depende del uso que se le dé.

¿Por qué "blanca" y "negra"?

El arte espiritual se puede utilizar para una variedad de propósitos. A pesar de la existencia de conceptos como "magia blanca" y "magia negra", siempre ha sido difícil trazar una línea clara entre ellas. No hay bien sin mal; luz sin oscuridad. Esta sabiduría se refleja en muchos símbolos y palabras sagradas. Por ejemplo, la imagen de "yin y yang" muestra el enredo del bien y el mal. La conexión entre bien y el mal también se menciona en los evangelios apócrifos (no canónicos).

En épocas remotas los bienes materiales eran escasos y se los consideraban tesoros, por lo que las personas eran desconfiadas por naturaleza, con el permanente temor de ser robados. Por lo tanto, nuestros antepasados eran prejuiciosos, luchaban constantemente por sobrevivir y muchas veces eran acusados de estar aislados, menos abiertos socialmente y temerosos de "conocer" a otras personas. De allí, el furor por encontrar soluciones fuera de las comunidades, brecha que saldó la hechicería.

Hoy en día, las reglas y el desarrollo de normas y leyes permiten definir más claramente a una persona buena u honesta de otra fuera de la ley. La magia blanca se considera la forma más pura de poder y que permite ser bueno en lo que uno se empeñe.

La piedra angular del uso de la magia de la luz (blanca) es que el adivino no obliga al mundo a cambiar, sino que se rinde humildemente a las fuerzas de la luz y luego las usa. Las buenas fuerzas no dan lo que se necesita de inmediato: solo ponen a una persona en el camino correcto. Por ejemplo, ayudan a hombres pendencieros a cambiar su personalidad y a encontrar la felicidad familiar; o ayudar a los necesitados a descubrir una buena fuente de ingresos y mejorar su situación financiera. El papel más importante aquí es el deseo y los esfuerzos del individuo para estar en el camino correcto.

Los asistentes del mago blanco son seres superiores: ángeles, arcángeles, almas santas. Todos ellos son representantes del poder divino y justo. Muchos eruditos han atribuido la magia blanca a prácticas eclesiásticas como el exorcismo, la curación de pecados y el uso de velas. Las obras mágicas contra la enfermedad, la soledad y el envejecimiento también se consideraban blancas o ligeras. Los magos blancos tienen una ley de hierro: sus habilidades no pueden usarse para satisfacer sus propias demandas. Si un mago blanco usa sus poderes para su propio bien, automáticamente ingresa a la zona oscura.

Por otro lado, la magia negra es una poderosa herramienta para cambiar el mundo que nos rodea. Los gobernantes de las fuerzas oscuras son a menudo los amos del destino humano. Además de los problemas cotidianos normales, la magia negra se utiliza, a menudo, en los asuntos nacionales de todo el mundo. El uso de la magia negra se atribuye a Hitler: fue la comunicación con las fuerzas del mal lo que explicó la victoria relámpago del ejército alemán al comienzo de la Segunda Guerra Mundial.

El método principal de la magia negra es obligar a las energías invisibles que nos rodean a interactuar con nosotros y a someterse a nuestras demandas a través de rituales y hechizos. Así, ciertos tipos de energía pueden ser dirigidos artificialmente para lograr objetivos específicos. Por ejemplo, usar poderes negros para canalizar dinero o energía amorosa hacia alguien (usualmente hacia uno mismo). Por lo tanto, no solo los aspectos positivos (salud, dinero, sexo) pueden incorporarse a la vida de una persona, sino también los negativos: enfermedad, pérdida, ansiedad o desgracia. No debemos olvidar: las fuerzas oscuras dan mucho, pero requieren mucho a cambio.

En la intersección de la magia blanca y negra hay un tercer tipo de magia llamada magia gris. En su mayoría, la magia gris se usa para defensa o protección. Por ejemplo, para prevenir la adivinación o la brujería o atraer la buena suerte. De lo anterior se desprende que, a pesar de la relación entre el bien y el mal, la magia blanca y la negra tienen enfoques muy diferentes. El mago blanco solo invoca el poder de la luz, pero no usa el poder para cambiar el curso de la situación. La acción de la magia blanca lleva a la persona al verdadero camino.

El mago negro no pregunta el origen de su poder, solo usa el poder de la existencia oscura para cambiar el desarrollo de la situación. Las fuerzas del mal a menudo cobran tarifas exorbitantes por su trabajo. El hechicero mismo entrega su alma para servir a Satanás para siempre. En cualquier caso, si usted desea probar los rituales satánicos, debe tomar precauciones. Si aún decide realizar el ritual, primero debe calcular las consecuencias. La exposición a la energía mágica, especialmente de criaturas del lado oscuro, es extremadamente peligrosa. Si hay algún miedo, entonces es mejor no realizar ningún conjuro.

Después de todo, la línea entre el bien y el mal es muy delgada.

Aunque la hechicería ha sido criticada por algunas religiones y grupos sociales, muchas personas la practican como una forma de espiritualidad y conexión con el mundo esotérico. La hechicería puede ser una forma poderosa de autoexploración y desarrollo personal, así como de creación de cambios positivos en el mundo físico.

Métodos de uso de magia blanca y negra

La magia existe, ya no es un secreto. Hoy, incluso los escépticos más acérrimos no dudan de que hay algo más allá de la comprensión ordinaria. La mayoría de la gente tiende a pensar que hay dos efectos mágicos. Como ya hemos dicho, la magia negra es la actividad mágica de un mago o hechicero que extrae poder de entidades oscuras. Aunque esta magia es demasiado poderosa y algunos de sus seguidores muestran resultados sorprendentes, es mejor no recurrir a este tipo de rituales, especialmente si son realizados por aprendices.

Por su parte, la magia blanca, como se mencionó anteriormente, es una acción que produce un resultado, pero la capacidad para lograr ese resultado es débil. De ahí el nombre. Por el contrario, algunos creen que no es magia, sino una invocación de una divinidad (como Dios) a través de servicios dominicales, oraciones o vigilias.

Tomemos un ejemplo. Cuando hablamos de hechizos de amor, se debe entender que la acción es suprimir la voluntad de la otra persona, (someterla a la voluntad de uno o a la voluntad del mago que realiza el hechizo ritual). Obviamente, dado que estamos doblegando a alguien en contra de su voluntad, es poco probable que al otro le guste, por lo que a la magia se la realiza sin su participación o conocimiento.

Hay muchos rituales, tramas y hechizos que pueden realizar un hechizo de amor, pero la mayoría de los expertos están de acuerdo en que obtener un hechizo de amor de una imagen es la forma más efectiva de lanzar un conjuro de amor. De hecho, la fotografía misma conserva no solo la imagen externa de una persona, sino también su fantasma, su alma, su espíritu, su esencia, parte de su energía, que el mago utilizará para crear un canal y enviar el hechizo de amor. Dicho esto, los conjuros de amor con imágenes son uno de los más efectivos y pueden dar resultados casi al cien por cien, especialmente si la ceremonia la realiza un mago real.

Hay algunas cosas que debe saber antes de decidirse por un hechizo de amor. En primer lugar, este trabajo espiritual, como se mencionó anteriormente, es el sometimiento de una persona a la voluntad de otra. Es decir, el "objeto" durante mucho tiempo (si no para siempre) pierde la capacidad de resistirse a alguien. En segundo lugar, un hechizo de amor difícilmente puede llamarse un ritual altruista, porque su resultado es únicamente para el logro de objetivos egoístas específicos, por lo que un hechizo de amor difícilmente puede llamarse un ritual de magia blanca.

Por supuesto, en estas historias hay situaciones familiares en las que una persona logra resultados muy específicos en un hechizo de amor recurriendo a la magia blanca. Sin embargo, es difícil decir si esto es el resultado de un ritual mágico o una coincidencia. Se cree que los hechizos de amor a larga distancia son prerrogativa de la magia negra, malvada y egoísta. Pero los magos modernos, especialmente con sus métodos de trabajo, son capaces de lanzar hechizos de amor a distancia, hacer que todo parezca completamente natural, el "sujeto" no se convierte en un zombi, sino que de inmediato y sin darse cuenta se pone a pensar en alguien con quien no estaba involucrado amorosamente.

Por supuesto, solo unas pocas personas pueden hacer esto, solo magos y psíquicos realmente poderosos. Ellos logran la unión amorosa entre dos personas, lo cual es confirmado por las muchas historias de clientes satisfechos. Pero resulta, que, por lo general, no es suficiente despertar la simpatía por el objeto del deseo, el cliente está interesado en un efecto completamente diferente, a saber, un resultado garantizado que dure mucho tiempo. Y este resultado solo se puede lograr con métodos individuales desarrollados por el mago a través de muchas pruebas y errores, que al final le dan el conocimiento de lo que realmente funciona. Cualquier mago o psíquico que se precie tiene sus propias habilidades que no quiere compartir con nadie, y esta capacidad bien lograda, es la que asegura el resultado estable en los hechizos de amor. Por lo tanto, los hechizos de amor con imágenes se pueden hacer usando rituales de magia negra, o acudiendo a un experto en magia blanca que usará sus técnicas personales para manipular las fotografías y enviar un poderoso amor psíquico hacia la persona elegida.

Si usted desea que el otro se dé cuenta de sus sentimientos, la imagen servirá de guía y faro a través del cual el impulso amoroso impactará.

Ahora, antes de ordenar o realizar un trabajo mágico, ya sea con magia blanca o negra, pregúntese: hay millones de personas en el mundo, ¿por qué exactamente estoy enamorado de tal hombre o mujer? ¿No sería mejor que se enamoraran de mí en forma natural en lugar de ser forzados...? ¿La persona que amo es la misma que me seduce?, tal vez no, porque puede atraerme físicamente, pero somos incompatibles en nuestra manera de ser. Si quiere que su ser querido vuelva a estar en sus brazos, averigüe antes de hacer un conjuro, si el alejamiento se debió a que en el otro ya no hay amor por usted. Es duro, ya lo sé, pero es parte de la vida, y si no superamos eso, tampoco lo podremos enfrentar las miles de circunstancias desafiantes que nos arroja la vida a diario. Hay una hermosa palabra llamada "resiliencia", que nos indica que nos hacemos más fuertes cuando soportamos y superamos a las grandes decepciones. Aceptar y seguir luchando, es la máxima que proponen las personas de éxito.

Capítulo 2
La manera de convertirse en un mago

Los profesionales creen que la gran magia no tiene color. Si bien hacen que algunos hechizos funcionen a altas frecuencias que se establecen con magia blanca, otros se activan a bajas frecuencias, es decir, magia negra.

Los principiantes deben entender que la magia, como otras actividades mágicas, está sujeta a las leyes del universo y la capacidad de controlar la energía. Comprender esta habilidad requiere un conocimiento y una experiencia muy definida.

En el trabajo de la magia, la persona debe aprender a pensar correctamente. Y en lo más profundo del alma debe haber una creencia persistente de que es realmente necesario el rito. Y es importante asegurarse de que todo funcione. Durante el ritual, primero debe concentrarse en él y, después, liberar sus pensamientos al respecto.

¡Tiene que comprometerse! Trate de aislarse del ruido o la intrusión externa creando un ambiente ideal y exclusivo para el ritual. Para mejorar la comunicación con un poder superior, puede comprar velas de iglesia y poner incienso en la habitación. Los perfumes y las velas le ayudarán a crear melodías psíquicas mientras duplica su mente más de lo habitual.

Puede sentarse y escribir sus deseos en un papel. Por ejemplo: "Me gustaría ser promovido en mi trabajo.

Para hacer esto, necesito aprobar un examen para este puesto". Por supuesto, la magia no es una cura. Lo que necesita saber para el examen lo debe aprender; pero como todos sabemos, mucho depende de su arduo trabajo y dedicación para alcanzar sus metas y su felicidad. Entonces, en este caso, la magia blanca le ayudará a crear las condiciones necesarias para que pase la prueba (recordará fácilmente lo estudiado, estará tranquilo, todo le parecerá fácil).

¿Quién puede lanzar magia?

Mucha gente quiere tener poderes mágicos. Algunos desean hacer el bien, mientras otros quieren que cause sufrimiento. Un mago es una persona que tiene un poder interior que se puede utilizar para lograr cualquier objetivo. Este poder es similar a la creatividad, que puede desarrollarse y refinarse, o perderse, mientras se lo use o no. Si cree que tiene una fuerza interior y necesita mejorarla, los hechizos le ayudarán a desarrollar sus habilidades mágicas. Para los recién llegados, el momento más difícil para iniciar el camino de la magia es superar el miedo interior a lo desconocido. Cada mago junior debe seleccionar uno de los cuatro elementos (tierra, agua, fuego, aire) que le sea útil. Para hacer esto, necesita tener atributos especiales para los hechizos. Los principales son:

- Recipiente con agua limpia de manantial (puede ser las embotelladas).
- 1 vela de parafina.
- Un puñado de tierra.
- Cenizas.

Elija un lugar tranquilo y pacífico para la ceremonia. Es importante sentirse tranquilo y seguro en ese lugar. Encienda la vela y esparza los demás atributos (recipiente con agua, tierra y cenizas) a su alrededor. Concéntrese, cierre los ojos y susurre el siguiente hechizo:

"¡Espíritus del fuego, la tierra, el agua y el aire! ¡Escúchenme! ¡Vengan y respondan a la llamada del sufrimiento! ¡Dirigiré mis elementos como deseen!"

Después de estas palabras sentirá paz y tranquilidad. Abra sus ojos y siga con cuidado la llama de la luz:

• Si la llama apunta al recipiente de agua, su asistente es un espíritu de agua.
• Si a las cenizas - el espíritu del fuego;
• A la tierra – espíritu de la tierra;
• Si la llama se apaga, su ayudante es el espíritu del aire.

Una vez que haya dominado sus elementos, comience a desarrollar sus habilidades. Debe recordarse que elegir elementos es solo un pequeño paso anterior al momento de convertirse en un verdadero mago. Es por eso que los recién llegados a veces se olvidan y dejan de mejorar.

Cómo convertirse en un mago de agua durante la luna llena

El agua es un elemento muy poderoso. Tiene que aprender a sentirla. Es necesario visitar un río o lago lo antes posible y participar mentalmente en una conversación con un espíritu del agua. Si cree que se ha vuelto uno con el Espíritu del Agua, entonces está listo para convertirse en un verdadero espíritu del agua. Es perfectamente posible ser un espíritu de agua en la vida real y en su casa.

La ceremonia de iniciación debe ser a medianoche, cuando la luna llena brilla en el cielo. Existe la necesidad de deshacerse de los demonios que todos llevamos dentro (aunque sea débilmente) y entrar al agua para ser purificado. Ingrese a una tina con agua, y repose unos minutos. Luego sumérjase y mire bajo el agua tanto como pueda, para luego salir.

Ahora coloque una taza de agua en el suelo, párese junto a ella y coloque 13 velas encendidas a su alrededor. Lea la siguiente magia a continuación:

"El olor del agua llena mis fosas nasales. ¡Estoy listo para responder! ¡A mi fuerza y poder! ¡Que el mago del agua aparezca de nuevo! Mi palabra y resolución permanecen firmes".

Después de leer, preste atención a las velas:

Si continúan ardiendo, los espíritus escucharon su solicitud y le ayudarán. Si se apagan, entonces no puede ser un mago del agua.

Cómo convertirse en un mago del aire

Un mago del aire debe tener un espíritu fuerte. Para desarrollar el poder del Espíritu, debe aprender a controlar su poder interior. Para conseguirlo, hay que ir con el viento. Esto se puede lograr realizando un ritual simple. Párese afuera o cerca de una ventana abierta para tomar aire fresco y diga:

"¡Espíritu del aire, eres increíble! ¡Dame tu confianza, dame tu poder!"

Para convertirse en un mago del aire en la vida real, hay que pasar por otro ritual. Salga del confinamiento de su hogar en la oscuridad. Lo mejor es ir a un lugar aislado y abierto, como un bosque. Coloque 5 velas en un círculo. Párese en el centro del círculo y diga:

"Vengan espíritus del aire por mí, tráiganme sus poderes"

Si viene un viento fuerte o las velas se mueven después de la lectura, significa que los fantasmas del cielo vendrán a usted para ayudarle. Vuelva a llamarlos y dígales sus necesidades. Ahora puede hablar de lo que quiera con sus propias palabras. Luego siga meditando unos minutos, guarde las velas y llévese todos los accesorios a su casa. Cuando llegue a su hogar, abra todas las ventanas y deje ingresar a los fantasmas del aire. De ahora en adelante, le ayudarán en todo y le protegerán de todos los males.

Cómo convertirse en un mago de fuego en la vida real

Para ello, es necesario utilizar fuego vivo (encender una vela o tomar fuego de la estufa o elemento que decida quemar). Intente verlo antes que se consuma, y en ese momento piense en el inmenso poder del fuego que atrae el placer y/o del dolor.

El fuego se considera un elemento de los guerreros. Los magos lo eligen como patrón, tienen un gran poder y puede causar graves daños a sus enemigos.

Los magos de fuego tienen la capacidad de ser grandes portadores de energía y fuerza vital. Usted deberá pasar por rituales muy específicos para obtener poderes y habilidades especiales, que para algunos es cruel.

Elija un lugar apartado al aire libre (puede ser una terraza o un gran parque). Si tiene una casa, puede tener la ceremonia allí. Lo más importante es que no haya nadie cerca que interfiera con sus acciones. En el suelo, coloque tres insectos pequeños en tres ramas en posición triangular, luego enciéndalo.

De pie frente al triángulo, con una vela encendida en la mano derecha, lea la siguiente trama:

"Fantasma de fuego, escúchame. Te llamo para que vengas ante mí. Muéstrame que tu poder me abrumará y se volverá más fuerte que el de todos los que me rodean. Ayúdame a lograr lo que quiero y que mis palabras sean santas. Que así sea"

La magia debe leerse tres veces. Entonces debe prestar atención al comportamiento de la vela. Si se apaga, el fantasma del fuego ha ignorado su oración. Si brilla más, entonces has sido escuchado.

Cómo convertirse en un mago en la tierra

Debe saber que un mago de la tierra está destinado a ser solo un individuo tranquilo y equilibrado. Si no, entonces necesita regular y administrar su vida antes de comenzar a hablar con el alma de la tierra.

Para convertirte en un gran mago en la vida real, debe pasar por rituales especiales. Debe ir a un campo arado que no tenga brotes. Coloque siete velas en un círculo y, después de encenderlas, párese dentro del círculo.

Prosiga con la siguiente lectura:

"¡Perfume de tierra, te llamo hacia mí! ¡Aprueba mi deseo! Dadme fuerza y abre mis habilidades. ¡Hazme un mago de la tierra!"

Después de eso, envuelva en un pañuelo un poco de tierra del interior del círculo y llévelo siempre consigo como un amuleto. Será su guardián contra todo mal.

Capítulo 3
Diferentes tipos
de rituales mágicos

Un ritual (a veces llamado ceremonia) es un conjunto repetido de acciones rituales que tienen un valor simbólico o representativo. Es un comportamiento escrito en credos, ideologías o tradiciones culturales específicas.

Su realización ayuda a crear un sentido de conexión en la sociedad, fortalece la autoridad del líder o ejecutante, o simplemente une a los participantes con el mismo compromiso espiritual, místico o sociopolítico. En sí mismo, un hechizo es una actividad mágica que tiene como objetivo influir en la realidad a través de procedimientos sobrenaturales como el encantamiento. Es de naturaleza ceremonial o ritual. La práctica consta de varios elementos:

• **Concentración**: Para que el hechizo funcione, necesitamos concentrarnos adecuadamente en el objetivo del hechizo, ya que en caso de confusión no funcionará.

• **Imaginación**: Necesitamos ver lo que sucede con nuestros ojos imaginarios antes de poder verlo en el mundo real.

• **Especificidad**: Cada hechizo tiene su propia estructura y depende del resultado deseado.

• **Cómo cantar el mantra**: Hablamos con confianza, alto y claro. No debe haber vacilación en nuestros votos. No olvidemos el acento que siempre le ponemos a la penúltima sílaba (el Hechicero Baruffio escribió mal la fórmula y cayó al suelo, aplastado por un búfalo)

Todos los hechizos permanentes tienen el mismo hechizo de contraataque; por lo que muchas veces el deseo del peticionante se transforma entre una guerra entre magos, o entre demonios.

Grupo de errores

Muchos recién llegados no suelen obtener resultados positivos de los hechizos, a pesar de haber seguido todas las reglas para llevar a cabo la ceremonia, como también utilizado los recursos adecuados para cumplir los deseos.

De hecho, una persona inexperta comete muchos errores que afectan el resultado del ritual; como trabajar de igual forma, tanto para la magia blanca o negra.

Los místicos experimentados enfatizan que es necesario crear un estado de ánimo especial (trance) durante el ritual. Este estado se puede comparar con la relajación y la paz. Para familiarizarse con este estado, hay que cerrar los ojos e imaginarse bolas de luz bailando suavemente alrededor de nuestro cuerpo. Otro punto importante es la capacidad de concentrarse en el tiempo. Esto debe hacerse durante la ceremonia en sí. Por ejemplo, el momento en que se mira una vela encendida o se está pronunciando las palabras del ritual.

Finalmente, al final de la ceremonia, es necesario visualizar con claridad la imagen deseada. Para que los movimientos mágicos tengan éxito se deben tener en cuenta algunos matices: por ejemplo, no se debe practicar magia blanca en latín si no se habla esa lengua. La trama es engañosamente simple y atractiva, pero una mala pronunciación puede conducir a resultados no previstos.

Rituales de magia blanca

- ### Ritual para la felicidad

El ritual es simple en su ejecución. Deberá tener una hoja de papel con el texto del hechizo, que será el siguiente:

"Padre nuestro, te pido que me des tu bendición (nombre del destinatario) y buena suerte en los negocios. Si está seco, que llueva, si estoy enojado, dame sol. Protégeme del odio, los celos y la malicia. Busco la felicidad, Padre Celestial, el éxito y la abundancia. Sí todo está resuelto, amén. Amén. Amén".

Después de la ceremonia, se recomienda quemar el texto escrito, arrojar las cenizas al viento y colocar una vela en un lugar especial o dejar que se consuma por completo. El objetivo es tratar de abstraerse de la magia blanca después. Es preferible mantener la ceremonia en secreto durante un tiempo, tratar de olvidarse de ella y prestar atención a otras cosas.

Todo mago novato debe entender que tanto las ceremonias espirituales como la magia blanca antigua se basan en ciertas combinaciones de palabras y sonidos, que permiten acumular energía para ayudar a lograr objetivos.

También hay mantras diseñados para prevenir problemas y estimular la ocurrencia de eventos positivos en la vida de una persona. Ya sabe, los principales poderes mágicos no son solo palabras y gestos, el poder principal está contenido en la persona misma. Por lo tanto, es importante creer en lo que se está diciendo. Ser capaz de visualizar el próximo éxito es ver lo que se quiere en la luz que le rodea.

- **Dinero mágico**

No existe tal persona que no sueñe con la prosperidad financiera. Después de todo, el dinero no se trata solo de alojamiento cómodo, automóviles, ropa y comida. Esta energía material puede dar a una persona la libertad de controlar su destino como desee.

Sin embargo, sucede que el individuo hace un gran esfuerzo en esta dirección y el resultado no llega. En este caso, la magia blanca ayudará. Se recomiendan hechizos, especialmente ejecutados por magos avanzados, para complementar el rito de purificación, y que la etapa de sequía monetaria desaparezca, pero lo puede intentar usted mismo.

Para hacer esto, encienda una vela blanca sobre la mesa y párese frente a ella. Concéntrese en la llama y permita que la energía de la flama fluya libremente por la habitación. Considere esta luz penetrando todos los centros de vida, incluido su cuerpo. Entonces deje en claro sus deseos con el siguiente manifiesto:

"Dios, por favor, perdóname. Por favor, perdona mis errores y transgresiones. Lava todos mis pecados. Me vuelvo blanco como el sol y transparente como el agua de un manantial. Dios, dame un corazón limpio y pensamientos rectos. En los párpados de los siglos, amén"

Antes de realizar un ritual de magia blanca, hay que estar atento a las fases de la luna. Los hechizos de dinero funcionan bien con el primer cuarto de luna. Una luna menguante también puede aumentar el flujo de efectivo, pero se puede gastar rápidamente.

- **Otro ritual para hacer dinero**

Lo mejor es elegir los siguientes días de la semana: jueves o domingo del primer cuarto de la luna. El siguiente paso es preparar recipientes profundos, tierra, granos de trigo y monedas pequeñas.

Lo mejor es obtener este dinero de las carteras o alcancías habituales de todos los miembros de la familia. Debe entenderse que en este caso la moneda es una especie de sacrificio en nombre del crecimiento futuro.

Primero debe mezclar tierra, grano y dinero en un recipiente, luego decir la siguiente magia:

"Trigo madre, alimenta a todos: viejos y jóvenes. Ayuda también a (su nombre). Permíteme "nutrir el dinero como este trigo. Cómo crece día y noche, cómo alimenta a todos - así que déjalo crecer para mí, pero dame de comer. ¡Que así sea!".

En este punto, cuando sucede la magia, es importante visualizar la cantidad necesaria y cómo sucederá. Finalmente, visualice el dinero en sus manos.

Después de un tiempo, el grano de trigo dará verdor. Pueden alimentar a un pájaro con él, y arrojar las monedas lo más lejano posible. Esta magia debe funcionar rápido. No se centra en un flujo constante de dinero, sino en una determinada cantidad.

• **Ritual para conseguir un ser querido**

No hay nadie en la sociedad que no conozca las relaciones interpersonales. ¡Cuántas lágrimas se derraman cada noche sobre la almohada!, guardando el secreto de un amor no correspondido.

¿Hay hechizos de amor? La magia blanca ofrece una amplia selección de rituales mágicos. Por supuesto, no se trata de hechizos de amor, porque debe entenderse que no hay hechizos de amor blancos.

Todo lo relacionado con la subordinación de la voluntad de la persona debe atribuirse a la magia de baja frecuencia (negra). No obstante, existen métodos para atraer al sexo opuesto, que corresponden a la magia blanca, y que son bienvenidos. Después de todo, los hechizos de amor están destinados básicamente a mejorar su propia energía de atracción. Y esto seguramente atraerá la atención del objeto señalado. Además, se envía una cierta promesa de energía para una historia blanca.

Aquí hay ejemplos de hechizos de amor que las mujeres u hombres pueden usar:

Hay que buscar medias o calcetines que tengan color rojo, para luego cocer sus entradas, al mismo tiempo que se pronuncia 3 veces seguidas:

"Espero aquí y dejo que (nombre del joven) se concentre en mis ojos. Déjame soñar con despertarme con un beso de él/ella. Hazle sentir que no puede comer ni beber sin mí. Cuando me mire, que no pueda quitarme los ojos de encima. ¡Así que amén!".

Los calcetines deben colocarse debajo de la almohada antes de acostarse. Las personas experimentadas creen que, si un hombre sueña con una mujer esa noche, significa que el ritual ha comenzado a funcionar.

Durante mucho tiempo se ha creído que el sexo fuerte no recurre a la magia. Pero la práctica demuestra lo contrario. Muchos hombres se interesan por estos rituales y tratan de utilizar la magia blanca para fines personales.

• **Otro rito de amor**

Un ritual muy utilizado es aquel que debe realizarse 3 veces: por la mañana, durante el día y por la noche. Es conveniente sostener en la mano izquierda una foto de la persona que desea, pero si no la hay, puedes visualizar mentalmente a la elegida/o.

La primera pronunciación de la ceremonia debe hacerse al amanecer con el siguiente texto:

"Estoy agradecido con la naturaleza porque tú (nombre del joven) vives en la tierra. Sostengo tu mano izquierda y te atraigo hacia mi corazón. Te atraigo hacia mí y respiro".

La segunda parte se pronuncia al mediodía. Un pequeño matiz: es necesario encontrar un cuchillo de plata (tenedor o cuchara), tomar el objeto en la mano y decir:

"Mientras los pájaros buscan el sol, nosotros nos buscaremos entre nosotros (el nombre del muchacho/a). Cómo las estrellas que se preparan para el anochecer, y ahora no se perciben, te pido que te retires y que aparezcas cuando más me necesites. Mi amor es plata pura. Ámame como yo te amo".

Complar la ceremonia: Para esto, tome tres velas y enciéndalas. Luego diga la magia:

"Mientras estas velas arden, tú (nombre del amado) arderás de amor por mí. Así como la tierra se seca sin agua, tú no puedes vivir sin mí. No tienes mañanas ni tardes soleadas o noches de luna sin mí. Te escribo magia blanca y dejo que la lujuria me lleve hasta ti. Amén".

Las personas experimentadas creen que 5 días es tiempo suficiente para que aparezca el efecto de esta magia de amor. Si duda de sus acciones, la magia no solo no funciona, sino que puede hacerle daño.

Hacerse rico con magia

Puede prestar atención a esta segunda opción. En el mundo mágico, también existe la llamada "magia de la paz", que también puede ayudar a los principiantes a crear un estado emocional que facilite el cumplimiento de los hechizos.

Para hacer esto, es necesario llenar la bañera con agua algo caliente. Luego, verter 1 cucharada de leche en un plato. Debe agitar la leche y arrojarle pétalos de rosa, diciendo las palabras:

"Bienvenidos a las olas de leche...".
Cuando el último pétalo toque la superficie de la leche, debe terminar el hechizo diciendo:

"Moscas tranquilas, como pétalos de rosa...".

Luego, el contenido del recipiente debe vaciarse dentro de la bañera o ducha y luego ingresar a la misma, y la acción termina con la frase:

"El mundo es pacífico y armonioso".

Puede quedarse todo el tiempo que quiera en esas aguas tan hermosas. Lo más importante, no olvide que estas aguas fortalecidas ritualmente purifican constantemente su energía, lo liberan de pensamientos ansiosos y tensión, mientras le brindan paz emocional y confianza.

• **Magia blanca y amor**

Desde la antigüedad, la magia blanca ha sido utilizada por mujeres solteras, y algunos de sus secretos se han transmitido hasta nuestros días. Una mujer moderna está tan ocupada con su carrera, superación personal y otras cosas útiles que a veces no tiene tiempo para pensar en su vida amorosa. Pero tarde o temprano la cuestión del matrimonio empieza a preocuparles a todas.

La naturaleza misma creó a la mujer para dar amor y ser amada. Y solo las personas nuevas deberían nacer en el amor: los niños.

Es por eso, que el amor de pareja, no importan los sexos que se unan, debe ser puro. No vale la pena configurar una trama matrimonial exitosa con hechizos ardientes y asociados con la magia negra, ya que estos rituales no generan nada natural: como la pasión, el enamoramiento ni la confianza. En cambio, los elementos de la magia blanca están destinados a crear energía positiva que puede generar el evento necesario, para que se dé la unión, si ambos están en sintonía.

La magia del amor no viola la voluntad del destino, sino que genera un terreno fértil para grandes logros. Antes de enviar las oraciones de boda, vale la pena leer algunas de las reglas de estas ceremonias.

Durante mucho tiempo se ha creído que la magia del amor se puede utilizar si es realmente necesario, por ejemplo, para evitar la ruptura de un matrimonio. Nunca se deberá invocar un poder superior basado en un impulso irracional. Por ejemplo, una relación sentimental que está a punto de romperse debe dar tiempo para calmarse y ver objetivamente lo que pasó.

Cuando la vieja relación ha llegado a su conclusión lógica, lo cierto es que permite que los ex compañeros de vida tomen un camino diferente sin grandes traumas de por medio. Solo se necesita un poco de paciencia y calma para superar un evento desagradable.

Las mujeres en la antigüedad recurrían a los rituales de amor de las hadas solo cuando su matrimonio no iba bien durante muchos años o cuando la mujer tenía casi 30 años y no podía casarse.

Cada ritual especial se lee en un día especial de la semana, generalmente al anochecer o al amanecer.

• **Llamada a la boda**

Para realizar el ritual mágico, las fechas más efectivas son: el 9 y el 10 de Marzo, el 15 y el 16 de Julio o especialmente las noches del 13 o del 14 de Octubre.

Debe colocar una vela encendida sobre la mesa. La mujer debe estar sentada, peinada y limpia. Al frente de ella, sobre la mesa, debe colocar un recipiente con agua limpia. Debe mirar el agua y decir estas palabras:

"Santo cocinero, que la salud, la felicidad y el destino exitoso cubran mi cabeza"

Después de estas palabras, la mujer debe lavarse la cara con esa agua.

• **Ritual de Pascua para atraer la boda**

En Pascua, la mujer debe tomar un poco de trigo en la mano y dirigirse al templo para el servicio festivo. Al volver a su casa, el trigo debe ser esparcido en el umbral con las palabras:

"Cuanto veo las luces del templo, me imagino de blanco junto a mi ser amado. Estos granos son la distancia que me separan de él/ella, por eso los esparzo al frente de mi hogar, para que el amor me llame a la puerta"

• **Porción de frijoles para atraer una boda**

Se debe tener un puñado de frijoles, arrancados del jardín o comprados.
Uno de los frijoles debe comerse, el segundo tiene que tirarse por la ventana en una noche de luna llena, y un tercero tiene que plantarse en el suelo. A éste último hay que cuidarlo para que brote. Cuando se planta se debe decir:

"Soy una chica cariñosa, joven e inteligente. Soy buena anfitriona para las fiestas, y a pesar de ser la más linda entre las solteras, aún no me he casado. Yo también me voy a casar, porque así se ha dicho, y que así sea"

Si el brote de frijol es saludable, habrá boda pronto, pero si se pudre, puede haber una energía oscura (mal de ojo) sobre el que realiza el ritual, por lo que debe concurrir al templo y practicar sus oraciones. Con el tiempo, la energía que rodea al que desea se despeja y se puede repetir el conjuro. Muy a menudo, después de la limpieza, la mujer se encuentra con un buen novio.

- **Catalizador**

No son hechizos de amor, sino catalizadores, hechizos que aceleran cosas que existen pero que no están latentes. Significa que no puede relacionarse con alguien que no le ama. Con su ayuda se puede aumentar la euforia, el sentimiento de amor cuando la relación necesita ser sanada, en momentos difíciles de pareja o después de años de matrimonio cuando la pereza o el aburrimiento toman el control. Cada toque mágico tiene su propio significado sagrado y no se puede romper.

El curso auspicioso de cualquier ritual de amor de magia blanca debe comenzar con la oración "Padre Nuestro". Reúna sus pensamientos, concéntrese en el tema del amor y dígale al poder superior exactamente lo que quiere.

Imagine que ya lo tiene. Cierre los ojos y observe la felicidad del otro, su amor, la comprensión mutua, la sensualidad de su relación. Ahora puede comenzar el ritual.

El derecho a amar con velas

Este catalizador se utiliza para fortalecer el amor de un hombre y asegurar su lealtad hacia usted. La ceremonia requerirá tres velas y una nueva sábana blanca.

Extienda la sábana en el suelo. Coloque las velas encima. Lea el siguiente texto tres veces, encendiendo una vela a la vez. Cuando termine, ate las velas con una cuerda y enciéndelas de nuevo hasta que se apaguen.

El texto que deberá leer dice lo siguiente:

"Oh Señor eterno, te lo suplico. Construye altos muros, construye pozos profundos, cercas inexpugnables, anhelos irresistibles. Dios cierra este pedido con la clave más fuerte, no dejes suelto a mi amado (nombre del elegido). Cierra este candado para que tu sirviente (nombre del elegido) no pueda abrirlo y no deje de amarme."

- **Traición y adulterio**

Por otro lado, algunas mujeres, al descubrir la traición de su marido, están dispuestas a vengarse de él y hacerlo sufrir. Hay muchas opciones diferentes, como hacer lo mismo que hizo él, aceptar la traición o alejarse y rehacer su propia vida; pero muchas mujeres optan por recurrir a la magia para castigarlo.

Los rituales antiguos ayudan a concretar lo que está planeado, pero no causarán daño. El traidor se sentirá culpable, lo que no le permitirá vivir en paz hasta que no pida perdón por la traición. Recuerde que la magia es un secreto sagrado, lo que significa que nadie, ni siquiera sus amigos más cercanos, deben saber que está realizando ese conjuro.

Antes de vengarse, cálmese, evalúe los pros y los contras y luego tome una decisión. Si busca un castigo para un adúltero, puede usar rituales con imágenes. Hay que preparar la última foto de él, porque tiene más energía.

Tome trece velas. La ceremonia debe comenzar puntualmente a la medianoche. Cierre la habitación para que nadie la moleste y encienda una vela. Coloque la imagen del adúltero boca arriba junto a las restantes velas. Empiece a pensar mucho en la traición, porque la tarea es hacer que este hombre entienda lo que ha hecho. Luego continúe repitiendo el episodio de castigar al traidor, porque esta es la base del ritual. Repita este sermón:

"Te lo juro, no descansarás, serás oprimido. Llorarás, sentirás dolor y pensarás constantemente en todo el dolor que me has causado. No sufriré más maldad, y como no puedo llorar, no lloraré más por este dolor"

Las palabras se pueden escribir en papel para que no se olviden o se mezclen. Luego apague las velas y tire el papel escrito a la basura. La imagen debe ser dividida en pequeños pedazos y soplada al exterior. Si no sabe cómo castigar a un tirano, entonces use este hechizo, y el ritual hará que el ofensor sienta todo el dolor que le ha causado.

Otra opción para los adúlteros:

Para que la trama funcione sin problemas, debe acumular la energía negativa que surge debido al insulto que le inflige la traición. Para hacer esto, debe considerar cuidadosamente la situación en ese momento, pensar en cómo sucedió el engaño, por qué lo hizo, etc. Cuando el odio le ataque con este recuerdo, debe considerar la venganza y el propósito del ritual mágico. Por ejemplo, si desea solicitar el divorcio, debe creer que será el final de la relación, pero si no desea destruir la familia, debe considerar otra opción. Es posible que desee que su esposo sea impotente, pero eso no servirá para usted en el futuro. Tal vez piense, que la mejor opción es castigar a la mujer que sedujo a su esposo para que ya no se reúnan en el futuro.

Puede castigar a su cónyuge o a la adúltera por tal pecado solo con un pensamiento, porque una persona tiene una energía especial en el momento de mayor insatisfacción.

Para ello, imagine en su mente un escenario de venganza: cómo hacer sufrir a un hombre o a una mujer por lo que hizo, cómo se disculparán con usted. Entonces lea el siguiente texto:

"Yo amo, pero quiero venganza, y no quiero destruirte. Los llamo demonios y los exhorto a digerirlo, permítanme un pecado feroz. Por mentiras y traiciones, sufrirás, maldito. Todo esto durará hasta que entiendas, y arrastrándote te arrepientas. Que así sea"

Repita estas palabras hasta que se sienta cansada. Un estado tan agotado significará que ha dado toda su energía en la dirección correcta. Los primeros resultados deben ser visibles dentro de una semana, de lo contrario, el rito debe repetirse.

En conclusión, me gustaría decir que los psicólogos recomiendan aprender a perdonar, porque la insatisfacción destruye a la persona desde adentro.

• **La magia de conocer a alguien que amas**

Si existe el deseo de conocer a un amante ideal, pero por alguna razón no es posible determinar con precisión su identidad, significa que puede crear un ritual que ayudará a que esto suceda. Antes de que comience la ceremonia real, es importante participar en los escenarios necesarios. Visualice en su mente cómo su ser querido entra a su casa, abre la puerta, cómo se ve, etc. Los detalles más grandes son muy importantes. Cuando la imagen clara de la reunión aparezca frente a usted, doble las palmas frente a su pecho y con cuidado, sin dudarlo, lea la trama:

Yo, el/la siervo/a de Dios (nombre), llamo al destino de oro, no al de las aguas turbias, no al de la tierra muerta, no al de la cerca de mimbre, no al de la iglesia de paja, no desde la puerta torcida, pero sí, desde el corazón de mi hogar. Los pensamientos de este siervo/a de Dios, lo llamarán hasta mis pies. Dos ángeles de la guarda lo acompañarán en el camino hasta mi puerta. Con estas palabras cierro mi deseo y que así sea".

Repita las palabras nueve veces. El ritual comienza a actuar inmediatamente después de que se pronuncian las últimas palabras.

* **Rituales que fortalecen el amor**

Para lograr el resultado deseado en este ritual, es importante la preparación inicial: la limpieza de la negatividad. Para ello, se recomienda seguir una dieta estricta durante tres días, consumiendo solo una pequeña cantidad de alimentos vegetales. Incluso durante este tiempo, debe abandonar todos los malos hábitos y abstenerse de tener relaciones sexuales. Es importante evitar cualquier tipo de conflicto y discusión con los demás para protegerse de los sentimientos negativos en general. La ceremonia debe comenzar después de la puesta del sol. Cierre todas las ventanas y cortinas y encienda una vela. Mientras mira las llamas, imagine encontrarse con su amante y diga:

"Dios me recogerá en el camino. Bendecirá mi relación, me encontraré con el siervo de Dios (el nombre de su pareja), me dará confianza, me dará una oportunidad, le dará fuerza. El Señor me salvará de desperdiciar oportunidades, de encontrarme por poco tiempo, de miradas malvadas y envidiosas, del miedo a estar solo/a, de pensamientos pesimistas. El Señor Dios creará un vínculo de amor con el siervo de Dios (nombre del amante), y su voluntad solo promoverá la unión. Que así sea".

- **Rituales para buscar la paz**

Este ritual es para situaciones en las que necesita una conversación tranquila con alguien. Por ejemplo, si se programa una reunión para tratar un tema difícil, esta trama ayudará a lograr un ambiente tranquilo y de entendimiento entre las partes.

Para la ceremonia, tome un pequeño trozo de jabón en su mano derecha y escriba el nombre de la persona con la que desea comunicarse. Acuéstese en una habitación vacía, sostenga la barra de jabón en la mano derecha y diga:

"Estamos en el vacío, no hay viento ni lluvia. No hay truenos, no hay tormenta, solo hay silencio. Todo irá sobre ruedas, sin preguntas, sin dolor, sin discusiones.

Se debe guardar esa barra de jabón en un bolso hasta que se celebre la reunión.

• Un ritual para conocer a su alma gemela temprano

Este ritual ayudará a las personas solitarias a encontrar una persona digna con quien establecer una relación feliz y duradera. Para alcanzarlo, debe comprar tres velas de iglesia y una estatua o un adorno en forma de ángel. Cierre la habitación, encienda la vela y coloque el icono al lado. Luego lea el siguiente texto tres veces:

"Mi amado ángel, te suplico, has estado viviendo en mí desde que nací. Apura mi encuentro, en este camino difícil, con la felicidad inesperada que las alas traen. Probablemente está escondido en alguna parte, Envíame toda la fortuna del destino"

Es importante leer estas palabras con confianza y sin vacilación, incluyendo sus sentimientos y emociones. La vela debe quemarse por completo y las cenizas se deben esparcir.

• Una trama eficaz para un encuentro rápido

Este sencillo ritual le ayudará a usar su energía interior para "empujar" a su amante a una cita.

La medianoche es el mejor momento para comenzar a implementar. Se deben comprar trece velas de iglesia por adelantado. Cuando llegue el momento, las enciende, observa sus llamas, imagine los detalles más pequeños de la próxima reunión y lea la trama:

"Encendí una vela por un encuentro, una cita anticipada con el destino. Aunque mi amado esté lejos, debe estar conmigo. Profeticé que nos veríamos pronto, llamo a las reliquias del fuego maligno. Porque a pesar del Anticristo odiado por nuestras almas, el amor no desaparecerá de mí ahora. Cómo todas estas velas que arden, así de potentes son mis palabras esta noche, que superan a todos los obstáculos abiertos que impiden que vengas a mí. Que así sea"

Otra variación de este sencillo ritual se realiza al amanecer y al atardecer en dos días consecutivos. Prepare dos velas y una foto de su ser querido. Coloque la imagen sobre la mesa antes de encender las velas. Mire a los ojos de su ser querido a través de las llamas y diga:

"Pasó el día y pasó la noche. Esperé el día y también esperé la noche. Ahora te espero, (nombre del destinatario)".

Lea hasta que crea que es suficiente. Luego use sus dedos índice y pulgar para apagar la vela, ya que no puede soplarla para apagarla. Por la noche, repita el ritual con las velas encendidas. Al día siguiente, la ceremonia se realiza con otra vela. Otra nota importante: cuando lea la trama por la mañana, mire hacia el este y por la noche, hacia el oeste.

Capítulo 4
El mal de ojo
y métodos mágicos de protección

El mal de ojo es una creencia común de que alguien, a sabiendas o no, envidia a los demás al mirarlos, y los enferma. En algunas culturas, esta creencia se asocia con la enfermedad de los niños, ya que las personas no pueden evitar admirar al pequeño, y al mismo tiempo elogiar y liberar la energía negativa.

Si cree que usted o su hijo tienen mal de ojo, aquí hay algunos consejos y técnicas para ayudar con el diagnóstico y el tratamiento.

Preste atención a los síntomas: La energía negativa que transmite una persona envidiosa puede causar síntomas físicos no relacionados con enfermedades conocidas. El afectado puede sufrir de debilidad, infecciones oculares, malestar estomacal, fiebre y náuseas; como así también tienen más probabilidades de experimentar problemas personales, familiares o laborales sin razón aparente.

Cómo saber si hay un mal de ojo

A) método de carbón
Este enfoque se practica en Europa del Este. Este método simplemente se basa en dejar caer un trozo de carbón en un recipiente con agua. También se pueden usar fósforos quemados. Si la pieza se hunde en el

42

agua, es una buena señal. Si flota en el agua, indica que la persona o el niño tiene envidia encerrada.

B) Método de la cera
Otra forma de hacerlo es gotear cera caliente en agua bendita y observar cómo reacciona la cera. Si la cera salpica en el agua o se pega al lado de la taza, esto indica que usted o el niño están sufriendo de mal de ojo. Este método se utiliza en Ucrania.

C) método del aceite
En este caso, el terapeuta diagnostica la condición vertiendo unas gotas de aceite en el agua. Si las gotas tienen forma de ojo, el niño tiene este trastorno.

Tratamiento para el mal de ojo

Una forma de combatir esto es usar gestos con las manos. Por ejemplo, el gesto de "curniuto manu" se realiza haciendo un puño con una mano y levantando los dedos índice y meñique (el signo del diablo) de manera que queden mirando hacia el suelo.

Otro signo es "mano fiku", que consiste en colocar el pulgar entre los dedos índice y medio y cerrar el puño con la mano. Algunos italianos usan un pequeño cuerno rojo (corne) colocado sobre un llavero; este cuerno se usa en lugar de gestos con las manos.

Otro remedio para el mal de ojo es utilizar un espejo hexagonal para reflejar la energía mala o negativa. Este procedimiento se utiliza en China, donde simplemente se cuelga un espejo en la ventana o puerta de entrada de la casa. Algunas personas en la India usan espejos para alejar los malos espíritus o curar el mal de ojo, pero en lugar de tener espejos en casa, se ponen estos pequeños espejos en la ropa o en el cuerpo.

Alejar el mal de ojo

Una práctica es colocarle una pulsera de coral rosa al bebé para protegerlo de las energías negativas.

En la cultura judía, los padres usan cadenas rojas para rechazar el mal de ojo, a veces atándolas a cunas o manijas de los cochecitos del bebé. En algunas culturas españolas, los niños usan un amuleto con la forma de un avión negro o de un puño pequeño, y se los puede ver junto a cuentas rojas y negras en una cadena de oro.

También está la técnica de escupir. Cuando alguien elogie a su hijo, intente escupir en su hombro izquierdo tres veces y golpear un árbol (o en la cabeza) tres veces. Este método se usa a menudo en Rusia. Un método siciliano que se usa para alejar el mal de ojo es rociar sal en la puerta de entrada o en el suelo fuera de la casa, se considera que la sal aleja la envidia o el mal.

Otro método que usan los sicilianos es orinar. Todos los integrantes de la familia orinan en un balde y luego la arrojan al frente de la casa. En otras culturas, el ojo de la bruja se usa para protegerse del mal de ojo. Puede llevarse en un collar o llavero. En Turquía, estos ojos están hechos de vidrio azul, pero en otras regiones están fabricados con otros materiales.

Para evitar la envidia, muchas personas de distintos países atan una cinta roja en su artículo preferido, por eso es común ver a coches circular por la calle con esta cinta atada en el retrovisor interior o en alguna parte de la carrocería.

Si no sabe cómo tratar el mal de ojo, pregúntele a un pariente mayor. En muchas familias, el secreto del tratamiento se transmite de generación en generación.

Cómo proteger las relaciones del mal de ojo

Crear una protección para una sana relación entre los seres queridos y evitar el mal de ojo, hará que la magia del amor fluya sin problemas. Después de todo, es normal que una pareja caiga en el aburrimiento y no experimente pasión, o, por el contrario, sean sumamente felices a los ojos de un envidioso, y que la energía oscura los vuelva infelices.

Sucede que, sin saberlo, las personas cercanas e incluso los padres pueden lastimarlos. Todo el mundo necesita protección contra el mal de ojo. Una persona puede experimentar "síntomas" del mal de ojo, que pueden confundirse fácilmente con los síntomas de una enfermedad común: náuseas, dolor de estómago, tez pálida. Los tratamientos tradicionales no dan resultados, porque el virus infectado es de carácter espiritual. Una persona infectada también puede experimentar miedo y ansiedad y no saber la fuente de estos sentimientos. Por lo tanto, es importante proteger las relaciones amorosas y separarlas de las personas celosas que viven en el mismo espacio. Por ejemplo, un compañero de trabajo o un miembro de la familia puede influir en su relación con energía negativa, pero sin una acción o intención aparente.

Es mejor protegerse del mal de ojo que deshacerse de sus consecuencias más tarde. Hay personas que constantemente sienten el mal de ojo sobre sí mismas. Por ello, ni siquiera deben salir de casa sin realizar al menos un ritual sencillo: lavarse con agua vertida de un balde.

Hay una explicación racional detrás del "mal de ojo". Le aseguro que a nadie le importa "lo bien que lo estás haciendo"; porque al demostrar eufóricamente su éxito en la vida, establece el estándar para que otros se comparen. Entonces, si la otra persona no tiene un presente tan valioso, usted se convierte en una amenaza y surgen los celos y los pensamientos negativos. Mejor mantener la boca cerrada, ser quien se es, no presumir grandeza y cultivar la humildad.

Ritual para alejar el mal de ojo

Es más seguro realizar el ritual por la noche con una foto suya con un ser querido. A la medianoche, debe colocarla sobre la mesa, con velas de cera encendidas a los lados. También necesita obtener un cuchillo nuevo por adelantado. Con el cuchillo sobre la fotografía debe decir:

"Yo no corto, no destruyo, pero quiero guardar y esconderme de la oscuridad (se mencionan los nombres de sus seres queridos y el suyo). Cuchillo seguro y fuego limpio. Protejo del mal de ojo con palabra fiel, con fuego puro, con cuchillo seguro. Que así sea."

Después de eso, la vela se apaga con la hoja del cuchillo y todo se deja en su lugar hasta el día siguiente.

Repita los mismos pasos durante 3 días consecutivos. Después de eso, tome la foto y las velas y guárdelos en un lugar oculto a los ojos, pero no los tire.

Protéjase del mal de ojo con un pin de oro

La ceremonia tiene lugar de noche y también requiere una vela blanca. Debe encenderla frente a usted, siempre con una cerilla de madera. Se debe colocar una imagen del amado y un broche abierto (preferiblemente de oro) al frente. Al mismo tiempo, el gancho debe tocar el objeto (o en medio de ellos, si se trata de un grupo de personas). Trate de no pensar en cosas inusuales y concéntrese en la llama de la vela. Luego imagine a su ser querido rodeado de una luz que lo protege. Cuanto más mire, más fuerte se vuelve la luz.

Entonces deberá decir:

"Este siervo de Dios (su nombre) ahora ha encendido una vela para despertar el poder del fuego. El fuego arderá durante la noche, y lo hará con más intensidad. Que sea quemado todo mal de ojo hacia el siervo de Dios (nombre de la persona que se desea proteger), para que obtenga protección en todo momento, tanto de extraños como de amigos. Que así sea".

Después de eso, el broche debe cerrarse diciendo:

"Cierro la aguja con firmeza, mal de ojo fuera de aquí. Que así sea"

Ya dotado de poder, el broche debe ser entregado al elegido, quien lo utilizará como talismán. Lo más importante es hacerle saber a su ser amado que se preocupa por él. Puede usted llevar también un amuleto similar, lo que requerirá el doble de material para la ceremonia. Puede aumentar su protección repitiendo el hechizo periódicamente.

Proteger el encanto de las relaciones prematrimoniales

Los rituales especiales de protección ayudan a mantener las relaciones y las protegen del mal de ojo. Uno de ellos se lleva a cabo en la orilla de un rio cuando la luna es llena. A medianoche tiene que encontrar una piedra y tirarla al agua con todas sus fuerzas lo más lejos posible. Diga a continuación esta frase:

"Hasta que esta piedra no regrese a la orilla, nuestro amor no será en vano. Nadie se interpone en el camino de nuestra felicidad, así como un pez no puede silbar, un sapo no puede volar o un lobo no puede trepar a un árbol. Ahora la llave está en el agua y encerrada en mi mano. Que así sea".

Para hacer el próximo amuleto, necesita dos velas. Una de ellas, roja, comprada un día domingo, y la otra, blanca, el lunes.

La ceremonia se desarrolla en un círculo, el cual se debe dibujar con tiza, sal y velas de iglesia. De hecho, necesita dibujar dos círculos, uno dentro del otro. Es importante recordar que no puede irse hasta que termine la ceremonia. Debe ingresar al círculo un miércoles, llevando consigo hilos rojos y blancos que necesitará para juntar y envolver las velas con ellos al menos cinco veces (cerca de la mecha). Debe encender las velas al mismo tiempo y decir:

"Amarraré las velas con fuerza y será como digo. Fortaleciendo el amor, encubriendo el amor, cerrando, atando y sellándolo para siempre. Nadie podrá desenredar, no podrá interpretar, no tendrá la fuerza para retractarse de mis palabras. Como dije, así será, el amor mutuo estará conectado para siempre. ¡Que así sea!".

Cuando el fuego alcance las cuerdas, déjalas arder. Luego se apagarán. La cera recolectada debe dividirse en varias partes, y cada dama de honor en su casamiento puede llevarla con una pequeña bolsa de cuero.

En el círculo ritual, también puede sostener un candado para bloquear el mal de ojo hacia la relación. Debe comprarlo cualquier día excepto el sábado. Parada en el círculo, debe encender una rama de ajenjo y fumigar su espacio de ritual con ella. Luego diga:

"Tan pronto como se cierre la cerradura, el amor (nombres de la pareja) se ocultará a los ojos de otras personas, se protegerá de las manos de los demás, podrá esconderse de las palabras malvadas, no sucumbirá a pensamientos negros, no será objeto del mal de ojo ".

Luego se cierra el candado y diga:

"Como nadie puede socavar la cerradura, nadie puede perturbar el amor (nombres)". "Que así sea."

* **Ceremonia de protección**

Quiero sugerir una manera fácil de proteger su relación del daño que pueden causar la frustración o la frialdad (los tipos más comunes de influencias negativas).

El ritual anticorrupción que propongo hacer solo ayudará si la magia negra aún no ha intervenido en su relación. Si nota signos de una discusión o signos de enfermedad, es decir, si sospecha que están tratando de disolver su relación, entonces es demasiado tarde para protegerse.

En tal situación, es probable que deba buscar ayuda, determine qué daño se ha causado y lo elimine. Y solo entonces establezca una defensa para que tales problemas nunca vuelvan a ocurrir.

Ritual protector

Le aconsejo que se proteja del daño obteniendo un talismán. Y no solo un talismán de adorno, sino uno que le advertirá de un ataque mágico. Los magos lo llaman amuleto, un indicador. Es decir, un objeto que se convertirá en su protector contra daños y que cambiará sus propiedades frente a la energía negra que está causándole daño.

Se utilizan diferentes materiales para crear tal amuleto (durante un ritual de protección). Puede ser de piedra, metal, madera e incluso organismos vivos. Sugiero usar cera en nuestro ritual, más precisamente, una vela de cera.

La posición de la luna no importa para el trabajo. Pero es importante que nadie moleste, para que todo se pueda hacer en privado.

Quédese en casa, encienda algunas velas y colóquelas en la mesa frente a usted. De tres a cinco velas le darán suficiente energía al elemento ardiente para su trabajo.

También debe haber un quemador cerca donde pueda derretir la cera. Entonces será más conveniente trabajar en la cocina.

Ponga la cera en un bol pequeño que usará más tarde para hacer el amuleto. Póngalo al fuego. Cuando la cera se derrita, mire su foto y la de la persona que quiere proteger. Imagínese juntos como si estuvieran rodeados de luz o poder, resistiendo a la magia negra, a la indiferencia, a la ira, la rabia, la incomprensión, el ataque, el abandono, etc.

Cuando la cera se derrita, ya formará claramente esta imagen protectora. Ahora necesita crear el talismán. Para ello, se debe verter la cera en un recipiente resistente junto a un cabello suyo y del ser querido, habiendo sido, previamente, trenzados juntos (aunque si el cabello es corto, entonces no necesita trenzarlo).). Mientras la cera aún esté líquida, coloque en su centro un cordón, a modo de mecha.

Es posible que sienta que la cera percibe la información recibida, porque es en esta etapa que se convierte no solo en un material, sino en su amuleto.

Cuando la cera se endurece, el amuleto estará listo.

Deje que las velas se quemen por completo, guarde la foto.

Amuletos protectores, talismanes, encanto. Autoproducción

En el proceso de elaboración de un amuleto, los profesionales tienen en cuenta una gran cantidad de factores diferentes; hay muchos detalles sobre este tema. Se selecciona cuidadosamente el tipo de material, color, fórmula mágica o símbolo y forma de su aplicación, así como el método de activación del amuleto.

Pero una persona sin experiencia en el conocimiento oculto también puede hacer amuletos para sí mismo o para un ser querido, sin necesidad de estudiar en detalle todas las sutilezas del proceso conocidas por los expertos. Aquí hay algunas condiciones necesarias. Si hace esto, su amuleto hecho a mano se convertirá en su ayudante fiel y confiable:

- Durante el proceso de elaboración, mantenga la calma, evite las emociones y los pensamientos negativos y concéntrese en sus objetivos.

- Se debe mostrar diligencia, paciencia y precisión, y el producto debe ser atractivo y de alta calidad, tanto visual como estéticamente (por lo que esto puede requerir práctica primero).

- Elija cualquier día propicio, un día en el que se sienta enérgico y de buen humor, en el que no lo invadan las preocupaciones y las emergencias.

- Elija cualquier color, material y diseño que desee, pero tenga en cuenta el momento, piense en todo, todos los elementos deben estar en armonía, debe guiarse no solo por la estética, sino también por la sensación general del producto. Su apariencia debe darle paz mental y una sensación equilibrio.

- Solo se utilizan materiales naturales.

Mientras trabaja en su protector mágico, coloque una vela a su lado. La superficie de trabajo debe estar ordenada, es bueno si coloca algo que haya traído del bosque a su lado: pueden ser hermosas ramas de pino, serbal, tilo, guijarros lisos, un montón de hierbas aromáticas (por ejemplo, milenrama, tanaceto, hierba de San Juan). La elección, de nuevo, debe basarse en su intuición.

El día que termine el producto, póngalo a su lado por la noche, o mejor aún, si puede llevarlo a dar un paseo antes de acostarse, preferiblemente al aire libre.

Ritual de magia blanca para la autodefensa

Hay muchos rituales mágicos que pueden ayudar a protegerse de diversas enfermedades.

Para proteger la casa de la influencia negativa del mundo exterior, primero se debe limpiar y ventilar completamente el aire, luego se colocan velas ardientes en cada habitación y se deja que se apaguen. A veces, cuando eso no es suficiente y se necesita un paso adicional, la salvia puede ser un remedio muy efectivo.

Encienda una lámpara de aromaterapia y difunda unas gotas de aceite esencial de salvia o incienso de salvia.

Decore su hogar para crear armonía. Los espacios armoniosos tienen grandes propiedades protectoras por sí solos, pero si compró una joya nueva o la recibió como regalo, es una buena idea realizar un ritual de purificación con salvia solo para estar seguro, como se mencionó anteriormente.

Para el mal de ojo hacia un niño del hogar, puede utilizar cucharas y tenedores de plata. Enjuague estos utensilios con agua, y use esa agua para lavar la cara del niño (1-2 veces al día hasta lograr el efecto).

Si tiene un huerto, vierta esa agua sobre las plantas que cultiva para su alimentación. El mismo ritual se aplica si cultiva vegetación u otras plantas comestibles en el alféizar de la ventana de su apartamento. De vez en cuando, debe ponerse agua en la boca y, después de sostenerla un rato, verterla debajo de la raíz.

Las plantas y animales de la casa la protegen de las energías desfavorables, así que cuide de todos los seres vivos que habitan en su hogar.

Capítulo 5
el poder del color

Ya sea que necesite comprar velas para rituales, hacer talismanes, energizar su lugar de trabajo o a su hogar, o si desea influir en su vida a través de la ropa, preste atención a los colores y no siga solamente las tendencias populares.

Todo el mundo se ha sentido incómodo con ciertos colores, o tal vez particularmente atraído por alguno de ellos. Una habitación pintada de amarillo claro se ve soleada y cálida, lo que puede inspirar sentimientos positivos en muchas personas. ¿Qué pasa con la inclinación por el negro que tienen muchos adolescentes? Detrás de esto, explican los investigadores del color, a menudo se esconde el deseo de trazar límites. Por otro lado, solemos asociar el blanco con la pureza, mientras que el rojo como color de señal puede simbolizar peligro o erotismo. Entonces, ¿sentimos el simbolismo del color? En parte sí, pero tampoco es tan sencillo.

Los investigadores dicen que nuestras respuestas emocionales a los colores se basan en parte a influencias psicológicas y en parte a condicionamientos e impresiones culturales. Un color que tiene un significado positivo en una cultura puede ser desafortunado en otra. Básicamente, sin embargo, se puede decir que los colores cálidos como el amarillo, el rojo y el naranja tienen un efecto diferente al de los colores fríos como el azul, el morado o el verde. Los tonos intensos tienen un efecto más fuerte que los apagados, y reaccionamos con especial cuidado cuando vemos colores complementarios porque tienen más contraste.

Asociamos ciertos patrones de comportamiento con los colores, lo que a su vez determina cómo nos sentimos bajo la influencia de un determinado color. Estos ejemplos muestran cómo esto puede variar según la cultura:

El rojo es un color de señal fuerte, que en la sociedad occidental se asocia con el peligro (¡luz roja!) o el erotismo y la pasión. Al mismo tiempo, el color rojo tiene una agresividad y vivacidad pronunciadas, por lo que los especialistas en color no recomiendan pintar dormitorios o habitaciones infantiles en este tono. Los templos budistas, por otro lado, a menudo están dominados por el color rojo, por ejemplo, los monjes tibetanos rezan con túnicas rojas o hacen sus meditaciones más profundas en habitaciones pintadas de rojo. Aunque a menudo pensamos en el amarillo como un color soleado y positivo en climas fríos, las personas en áreas desérticas a menudo perciben el amarillo como una amenaza porque han aprendido a temerle demasiado al sol. Curiosamente, todos los tonos de azul se correlacionaron positivamente entre culturas. Desde los nativos americanos hasta las tribus beduinas del Sahara y el mundo occidental con influencia cristiana, el azul se asocia con el espacio y la paz.

Naranja, amarillo y rojo

Independientemente de los antecedentes culturales, los colores cálidos siempre tienen un efecto edificante. Por ejemplo, el naranja y el rojo pueden aumentar el apetito, por lo que estos colores se usan a menudo en restaurantes o cafés. El amarillo nos hace estar más alerta. Así, el efecto de estos colores en nuestra mente es similar al de la luz en un día soleado: nos sentimos más vivos en ese entorno.

Azul y turquesa

Los tonos azules son uno de los colores más populares porque tienen un efecto calmante y armonizador en todo. El azul parece tan abierto como el cielo o el mar, por lo que a menudo encontramos a los espacios azules agradables y abiertos. Sin embargo, los tonos de azul también pueden transmitir cierta tristeza o melancolía, como se puede ver con filtros azules en películas o fotografías. En climas particularmente cálidos, el azul se usa para crear una sensación de frescura.

Verde

El color verde es omnipresente en la naturaleza: la hierba, los árboles, los musgos y los arroyos adquieren diferentes tonos de verde. No en vano asociamos este color con el crecimiento, la primavera y los nuevos comienzos. El color verde es especialmente popular en áreas secas donde rara vez se encuentra en la naturaleza. El verde es el color del Islam, una religión que se originó en los desiertos secos. Pero el verde también puede verse triste, aburrido e incluso amenazante en ciertos tonos.

Morado y rosa

El violeta o morado es una mezcla de azul y rojo, por lo que es un color muy especial. En el lenguaje simbólico del cristianismo, el morado es el color de la tristeza, pero para artistas y feministas, el morado es el color de la confianza y el empoderamiento. Las antiguas reinas y reyes también se adornaban con púrpura, ya que se considera el color de la nobleza (era muy caro producirlo). De hecho, el violeta suele asociarse a una mayor creatividad, pero también a la espiritualidad y a la fuerza. Por otro lado, el rosa pálido es uno de los colores más relajantes disponibles. Ciertos tonos de rosa han sido científicamente probados para reducir la agresión y la ansiedad. Por lo tanto, en los Estados Unidos, algunas celdas de las prisiones están pintadas de rosa y muchos expertos en color recomiendan que los niños duerman en habitaciones rosas o bajo mantas rosas, independientemente del sexo.

Blanco y negro

El blanco y el negro, llamados no colores, son una cosa: contraste. Ambos colores suelen asociarse con la muerte, pero también con la pureza y la nada o con nuevos comienzos. Así que no sorprende que el blanco sea el color de las bodas y los bautizos en las latitudes occidentales, mientras que el negro se usa para los funerales en las culturas asiática y occidental. El negro es el más oscuro de todos los colores, literalmente carece de luz, pero por esa misma razón tiene la capacidad de hacer que todos los demás colores sean más brillantes.

Colores de la tierra

Colores como el ocre, el marrón, el beige y el gris son neutros, sobrios y, sobre todo, cómodos. Estos colores tierra parecen más naturales porque se encuentran con mayor frecuencia en la naturaleza, como la tierra, la hierba y las hojas secas, la piedra o la madera. Como era de esperar, estos colores forman parte del camuflaje militar: beige, marrón u ocre, todos pasan desapercibidos. Sin embargo, en los espacios habitables, estos colores pueden tener un efecto particularmente calmante, ya que imitan el entorno natural.

Capítulo 6
Cómo llamar a los espíritus

Los libros de fantasía a menudo hablan de cómo el personaje principal convoca a un espíritu (demonio) y éste se deleita en tratar de cumplir todos los deseos del mago que lo convocó. Pero... en la vida real, invocar dioses desconocidos puede tener consecuencias nefastas. Entonces, antes de buscar una forma de convocar a entes espirituales, piense, ¿es realmente necesario? Tal vez pueda conseguir su deseo sin ninguna otra ayuda.

Cómo invocar espíritus para que le ayuden

Probablemente todos recuerden los cuentos de brujas que tenían asistentes fantasmas encarnados en forma de gatos negros, cuervos y otros seres vivos. En realidad, los magos adquieren conocimientos al entrar en contacto con su yo superior, a través de complejos entrenamientos, realizando ejercicios para la concentración, dominar los principios de la meditación y estudiar la estructura del mundo sutil. En general, y antes de convocar espíritus en casa, sería bueno estudiar la teoría, porque conocer solo el ritual puede no ser suficiente para evitar consecuencias negativas.

Los espíritus son diferentes, cada uno tiene su propia personalidad y sus acciones son impredecibles, por lo que debe pensar qué espíritus convocar y cuál es el propósito de ello. Puede intentar convocar al espíritu del difunto, pero otro espíritu puede llegar a responder a su llamada. El propósito de ese otro "espíritu" es quitarle energía para que se sienta agotado después de completar el ritual. Entonces, si quiere lanzar un hechizo correctamente, es importante conocer los nombres de los espíritus cuyos servicios puede usar. Además, antes de la ceremonia, las personas deben pasar una semana no solo en ayuno y comida liviana, sino también liberado de malos comportamientos y pensamientos. Esta petición tiene sentido: si posee malas vibraciones desde dentro, atraerá las mismas energías oscuras desde fuera.

Usando tijeras de invocación

Para realizar la ceremonia es necesario preparar unas tijeras, las cuales deben adquirirse específicamente para nuestro propósito. También necesitará un libro espiritual de cualquier culto y una cinta roja. Debe haber dos personas.

Abra el libro y ponga las tijeras en él. Es importante colocarlo de manera que el anillo (donde se inserta el dedo) quede por fuera. Cierre el libro y péguelo con cinta adhesiva. Ahora toque suavemente el anillo con el dedo para convocar al espíritu. Espere a que aparezca. Cuando la esencia del mundo astral se presenta, el libro se balancea. En este punto, puede comenzar a preguntarle al espíritu lo que a usted le interesa. Con una respuesta positiva, el libro se mueve hacia la derecha, y con una respuesta negativa, hacia la izquierda.

Ritual andaluz para convocar a los muertos

Para convocar a una persona que se ha ido al mundo de los muertos, prepare lo siguiente:

- Bufanda roja. Sirve de protección.
- Velas de cera negra (5 unidades)

Coloque las velas en círculo. Luego, con la mano izquierda debe encenderlas en sentido anti horario. Ahora coloque una piedra en el centro del círculo, y diga:

"¡Apelo a ti, espíritu (nombre del espíritu)! Ven, enséñame y ayúdame a tomar mi decisión".

Cuando aparezca el ser astral, la luz de las velas comenzará a parpadear. Comuníquese con el espíritu, luego dé gracias y diga:

"Regresa a donde viniste y no te quedes aquí más tiempo".

Lo más importante en la canalización no es solo hacer una conexión, sino también recibir el mensaje sin interferencias. Sin embargo, la responsabilidad de la información recibida no es sólo del espíritu, sino del propio portador. Las almas buenas y nobles vuelan solo hacia aquellos que trabajan duro para desterrar el mal. Para ello, sintonícese con su lado bueno para eliminar su orgullo y egoísmo. Aquellos que buscan la iluminación primero deben humillarse, rechazar el orgullo y adorar la omnipotencia del Creador. Esta condición está al alcance de todos y será la mejor prueba de su honestidad. Además, aquellos espíritus más cercanos a su naturaleza vuelan hacia los médiums. Los buenos luchan por el bien y los malos por el mal. Cuanto más una persona es moralmente defectuosa, más los espíritus inferiores se juntan uno al lado del otro y repelen a los buenos.

Solo siendo amable con los demás, absteniéndote de las riquezas materiales y luchando por la superación personal puede atraer el poder del bien. Todos los vicios atraen el mal y la oscuridad, causan muchos problemas y hacen caer hasta a los más poderosos.

Pero el principal vicio de los malos espíritus es el orgullo. Es su pecado favorito. El principal problema es que las propias personas son menos conscientes de este vicio. Muchos principiantes a mago son destruidos por el orgullo.

Los mismos médiums, por las mismas razones, comienzan a sufrir las consecuencias de su trabajo, y sus dones comienzan a disminuir hasta desaparecer por completo. ¿Cuáles son los signos del orgullo?:

•   Confianza en la infalibilidad de uno mismo como persona y de los mensajes recibidos.

•   Confianza en la infalibilidad del espíritu condescendiente.

•   Desprecio por otros espíritus y los mensajes que envían.

•   Desconfianza de los amigos y de todo aquel que desaliente la amistad con dicho espíritu.

En su ceguera, el espectador no advierte el aparente engaño, redime el seudónimo con el que el fantasma se luce y se niega a admitir que ha sido engañado. Para preservar su autoestima, estas personas incluso alienan a sus amigos y sus pensamientos son más críticos. Incluso cuando aceptan escuchar a sus seres queridos, nunca siguen los consejos y prefieren preservar su autoestima.

Invocación de espíritus

En la mediación surge la cuestión de qué espíritu se va a invocar. A cualquiera se puede llamar, no está prohibido. Los fantasmas pueden ser buenos o malos, no importa. Podría ser una figura muerta hace mucho tiempo, un pariente o un amigo fallecido recientemente.

Espiritismo

No importa qué espíritu se invoque, puede no aparecer en la convocatoria por una serie de razones que no tienen nada que ver con el invocador o el espíritu convocado.

En este caso, la visita del fantasma solo se pospone. Además, no puede aparecer si hay motivos que les impidan encarnar, sobre todo si el alma permanece en el inframundo. Otras manifestaciones ocurren con la manifestación de la naturaleza del medio ambiente.

La mayoría de los videntes reciben mensajes de fantasmas en sus hogares. Son más o menos sublimes. También se reciben mensajes basados en lo que les gusta o no les gusta. Por lo tanto, la conexión entre los vivos y los muertos es extremadamente importante.

Los fantasmas aparecen más rápidamente a instancias de quienes simpatizan con ellos y están moralmente más dispuestos a comunicarse. El tiempo de la relación juega un papel importante en esta comunicación. Cuanto más largo es el período que pasa una persona con un fantasma, más rápido se desarrolla un vínculo, independientemente del apego emocional. Después de un tiempo, su alma se acostumbra al alma del médium y su mediador.

Los primeros mensajes no son los más satisfactorios y se requieren llamadas repetidas. Y cuando aparece a menudo, comienza a conocer la casa en sí, al cuidador y a los que acuden a él. Todo lo anterior lleva a la conclusión de que convocar al fantasma no le impone la obligación de estar constantemente al servicio del clarividente. El fantasma elige:

- El momento en que aparecer
- Médiums con los que desea comunicarse
- Dice lo que encuentra bien;
- Se marcha cuando lo considera necesario.

Además, por motivos ajenos a su voluntad, el espíritu puede dejar de visitarlo. Por lo tanto, antes de convocar a un nuevo fantasma, debe consultar con su fantasma protector si vale la pena llamar a otro. Si el desafío no es posible, el espíritu protector siempre explicará las razones del rechazo.

Invocando espíritus malignos

El segundo tema importante es si se deben convocar espíritus diabólicos. Depende del propósito para el que se llaman y de la capacidad del entorno para controlar sus cargas. No hay inconveniente en que estén llamados a la superación personal y otros objetivos importantes. Sin embargo, si la llamada se hace sólo por una tontería o una broma, el daño será muy grande.

Se hace aún más daño cuando se les pide un favor a los espíritus malignos. En este caso, los fantasmas buenos permitirán que los malos cumplan con su parte del contrato, pero tanto el hombre como el espíritu que lo ayude serán severamente castigados. Por insignificante que sea este servicio, el contrato ya se ha celebrado y la rentabilidad será elevada.

Uno puede someter a los espíritus con una sola cosa: la superioridad moral. Sin embargo, si nos oponemos a la voluntad y la violencia, la mayoría de las veces el espectador perderá.

Construyendo relaciones con fantasmas

El interés por todas las manifestaciones místicas de la vida está creciendo. No importa cuánto tiempo pase, pero incluso, ingenuamente creyendo que esto no puede ser cierto, uno se enfrenta de alguna manera con la manifestación de la actividad inteligente de otro mundo, que está rodeado por el nuestro con una fina película, y por la que los contactos todavía son posibles.

Y esos contactos tienen lugar. De buena gana o no, personas de diferentes edades se enfrentan a fantasmas, ángeles, o demonios. Pero aún más a menudo con espíritus en pena. Las almas inquietas buscan regresar, vengar a sus enemigos, ver a sus seres queridos, o al menos simplemente pedir ayuda.

Con regularidad, estas apariciones astrales se asocian deliberadamente con espíritus que buscan adquirir nuevos conocimientos, sentirse elegidos y muchas otras razones similares.

Los que hacen la ceremonia, se dan cuenta, muy tarde, de que convocar a un espíritu no es cuestión de contratar a un sirviente, que jugar con fuerzas de otro mundo puede ser impredecible y peligroso. Y que como resultado de tales juegos una persona puede sufrir mucho.

La comunicación con los fantasmas ocurre de diferentes maneras. Las más comunes se logran a través de la escritura o el pensamiento. Pero también se les puede comunicar a través de la música o la pintura.

Por su parte, ellos suelen comunicarse de múltiples formas: con sonidos, moviendo elementos, manipulando los poderes de la naturaleza, o hablando a través del médium o haciendo que éste escriba por él.

El medio de comunicación comprende a todos los lenguajes existentes, porque el lenguaje es una expresión de los pensamientos. Pero muchos fantasmas piensan que el lenguaje humano no es lo suficientemente rápido para expresar pensamientos. Como resultado, tratan de acortar las negociaciones tanto como sea posible. Sobre todo, si el médium apenas puede expresarse en su propio idioma.

Si el medium mismo no está particularmente desarrollado mentalmente, entonces recibe las mismas respuestas del espíritu. Por lo tanto, solo pueden obtener respuestas a preguntas simples. La resolución de problemas graves requiere un entorno completamente formado que facilite el contacto entre los espíritus.

Cómo transmitir un mensaje durante una reunión espiritual

Los fantasmas y los médiums juegan un papel importante en las sesiones de espiritismo. El contacto es imposible sin un actor o dos. La tarea principal del medio es transmitir a los vivos los mensajes de otros destinatarios en el mundo. Cuán fructífera será esta colaboración depende del carácter del espíritu y de la audiencia misma. Este último puede hundirse en una especie de trance, pero todo esto puede curarse con un buen descanso prolongado. También se dice que los espíritus psíquicos pueden comunicarse y recibir mensajes de otros espíritus. Además, psíquicos y espíritus de los muertos afirman que los contactos antes mencionados son posibles porque muchas leyes de la naturaleza son desconocidas para los humanos.

Los expertos dicen que los mensajes recibidos del alma del propio espiritista son posibles. Por el estilo de los mensajes, la naturaleza de lo que está escrito, puede determinar de quién se recibió exactamente este mensaje. También se conocen casos de que después de encarnar en el cuerpo presente, el alma del médium ha olvidado el conocimiento recibido por sus encarnaciones pasadas. Sin embargo, con la ayuda de prácticas espiritistas, se libera y vuelve a recordar lo que había olvidado.

También vale la pena tener en cuenta que, en términos del nivel de desarrollo, el espíritu del médium puede estar por encima del alma que ha aceptado entrar en contacto con él. Todo esto afecta la naturaleza y el estilo de los mensajes. Durante la sesión, el espíritu del mediador sirve como enlace para transmitir el mensaje.

Durante la reunión, el espíritu del médium actúa como enlace para transmitir el mensaje. Además, no debe exagerar las respuestas recibidas, porque el alma del moderador puede editarlas. Al influir en la transmisión de información, el medium puede cambiar inconscientemente las respuestas para adaptarlas a sus propias inclinaciones e ideas. Si no hay afecto mutuo y simpatía entre el psíquico y el espíritu invocado, este último será reacio a participar en la entrega de información, sin mucho respeto por la calidad.

En este caso, el fantasma busca al médium con el que simpatiza, y que sabe que no distorsionará los datos recibidos.

También se advierte que para las sesiones se requiere de elementos que el espíritu pueda mover, como bolígrafos, mesa o sillas, a los fines que éste pueda encausar su energía para comunicarse, ya que los objetos inanimados carecen de mente, y pueden ser fácilmente manipulados por el espíritu convocado.

El espíritu también usa un lenguaje universal: el lenguaje de los pensamientos. Este idioma es conocido por todos. Y para hacerlo más claro para el mediador, el espíritu usa palabras del vocabulario de éste para transmitir sus pensamientos. Sin embargo, hay casos en los que por un motivo voluntario o involuntario comienza a escribir en un idioma desconocido por los presentes. Esto sucede si el fantasma cree que el mensaje en esa presentación es necesario.

En todos los demás casos, los espíritus utilizan el vocabulario del mediador, tratando de transmitir sus pensamientos e ideas con la mayor precisión posible.

Principios de evaluación del espíritu de comunicación

Al participar en el trabajo de mediación, el convocante se enfrenta inmediatamente al problema de elegir el espíritu de comunicación. Habrá muchos espíritus dispuestos a ofrecer sus servicios, pero no todos serán amistosos. Por lo tanto, debemos aprender a distinguir entre los buenos y los malos espíritus. Los siguientes principios ayudarán a los mediadores en este sentido:

El único criterio para evaluar a los espíritus es el sentido común. Todas las fórmulas que se escuchan son ridículas y brindadas por estafadores.
Los fantasmas son juzgados por sus palabras y hechos. Para aquellos que creen en los principios del bien, no hay nada más que bondad y misericordia. Todo mal consejo viene de espíritus malignos. El lenguaje de un espíritu virtuoso no es vulgar y grosero, es sublime. Tampoco se permiten ser ostentosos o vanidosos. Las almas buenas tienden a decir sólo lo que saben y entienden. Si su tema le es desconocido, el fantasma permanecerá en silencio o le dirá que no lo sabe. Los espíritus confiados son susceptibles a las predicciones y siempre las comunican con confianza, así como los números.

Los espíritus justos son lacónicos, pero cada una de sus palabras tiene una gran carga semántica.

El espíritu benévolo no da órdenes, sólo hace sugerencias. Si la petición no es escuchada, se van. Los espíritus malignos son siempre instigadores y exigen una fe ciega en ellos.

Si un fantasma tiene un nombre extraño o inusual, no le crea. También vale la pena desconfiar si se anuncia con un nombre respetado o reconocido en la historia mundial.

Los buenos fantasmas se cuidan de dar consejos sobre qué hacer. Son reacios a criticar y tratan de suavizar las palabras, a diferencia de los espíritus codiciosos.

Su discurso es sarcástico, sus palabras llenas de abuso y llamadas a distanciarse de aquellos con quienes estos espíritus no simpatizan.

Los espíritus son juzgados no solo por su conocimiento, sino también por su pureza moral. Los buenos fantasmas nunca refutan juicios que ya han dicho, y su naturaleza está vagamente ligada a la materia. No debería admirar inmediatamente una enseñanza espiritual si su moralidad deja mucho que desear.

Las palabras eruditas de un espíritu a veces confunden a los oyentes. Los habitantes de esta mazmorra pueden hacer más daño que bien, ya que la gente crédula quedará impresionada por su conocimiento del tema. Las personas pueden no estar al tanto de una teoría que contradice la ciencia y el sentido común. En algunos casos, si el propio espíritu no puede responder a la solicitud, envían un espíritu autorizado, en quien confían plenamente, para que ocupe su lugar. En caso de sospecha, el espíritu debe evaluarse de acuerdo con los parámetros anteriores. Si son amistosos, estas precauciones no los ofenderán.

Una de las reglas principales para tratar con espíritus es que no se les debe temer. Las almas difieren de los humanos solo en que no tienen un caparazón físico, sino que están equipadas con otras habilidades que los humanos a veces no tienen.

También hay mucho en común: los espíritus entienden la empatía, los caprichos, las bromas... No es de extrañar que amen la amabilidad y el respeto.

¿Cómo convocar a un espíritu inofensivo?

Para una mayor sensación de seguridad, elija el día de la ceremonia e invite a sus amigos.

Se puede crear buen humor en un ambiente familiar: en el patio o en la calle cerca de la casa, no hay necesidad de ser eufóricos. Acuerde de antemano qué ordenar, tómense de las manos y diga tres veces:

"Espíritu, querido, brillante, bondadoso, ven a nosotros. Sé nuestro ayudante y amigo"

Cierren los ojos e imaginen a quién están llamando. Si de repente siente calor, sepa que esa es su respuesta positiva. Es hora de decirle su deseo, luego darle las gracias y despedirse. Es posible reunirse más de una vez: el espíritu puede expresar el deseo de acudir en ayuda, consejo, protección. Tendrá un amigo invisible.

El hada de los deseos

Para invocar un hada se requieren dos cosas:

• Una campana
• Un documento donde se detallen los deseos claramente formulados.

Para la ceremonia, lo mejor es elegir un lugar que no esté lleno de gente.
Sostenga una campana en su mano izquierda y la hoja de papel con su deseo escrito en la otra. Si se es zurdo, cambie los objetos de manos.

Toque la campana con movimientos circulares de derecha a izquierda con la mano, sosténgala y diga:

"Hada de los deseos, confío en ti. Cumple mi sueño más profundo".

Ahora siéntese cómodamente, cierre los párpados y repita mentalmente el mismo texto tres veces.

No dude de sus acciones y resultados positivos: esta es la clave del éxito. Las hadas perciben inmediatamente cualquier duda de la persona que llama y pueden titubear de la sinceridad de sus intenciones.

Ahora tenga cuidado de no pasar por alto los signos. Cualquier evento aleatorio aparentemente insignificante puede convertirse en la clave para realizar su deseo.

Se puede invitar a un hada que cumpla los deseos en su casa. Espere a la luna llena. Al otro día, con pleno sol, realice el ritual de invocación, ya que a las hadas les encanta la luz del sol.

Deberías saber lo que no les gusta a las hadas:

En primer lugar, ella debe comprender claramente lo que usted quiere y por qué lo necesita. En segundo lugar, cuando sienta la presencia de una de ellas, compórtese tranquilo y amable. Las hadas no dañan a los humanos de ninguna manera. En el peor de los casos, las hadas no se comunicarán.

Para evitar malentendidos, prepare la ceremonia adecuadamente. Necesitará los siguientes suministros para la ceremonia:

• Una hoja de papel con un deseo indicado en ella, que debe ser memorizado.
• Tres vasos elegantes llenos de agua limpia.
• Tres cubos de azúcar.
• Un poco de tiza.
• Ropa con bolsillos.
• Una mesa pequeña.

La mesa se puede improvisar, por ejemplo, se puede colocar un taburete cubierto con hermosas servilletas en el centro de un círculo dibujado con tiza. Mantenga la nota en su bolsillo izquierdo durante toda la ceremonia. Ponga las tazas sobre la mesa y el azúcar en cada una de ellas. Espere a que se disuelva por completo, ingrese al círculo y diga cinco veces:

"¡Te llamo, hada de los deseos, despierta de tu sueño, ven a mí un minuto!"

Claramente, exprese literalmente sus deseos como está escrito en la hoja de papel en su bolsillo izquierdo. Al final de la ceremonia, lave el piso para que no queden rastros del círculo.

Coloque las tazas en el alféizar de la ventana y déjela reposar durante unos días hasta que se evapore la humedad.

¿Quiere hablar con un vampiro?

Las horas del día son lo suficientemente seguras como para no correr riesgos y contactar con las fuerzas oscuras. Por ejemplo, puede invocar vampiros. ¿Para qué? Para obtener respuestas a sus preguntas.

No tiene que lidiar con usted mismo, sino solo con su energía, por lo tanto, a la luz del día le teme y no podrá causarle daño físico.

Usted y sus amigos deben prepararse para la visita de un invitado inusual:

Dibuje un círculo con sal. Cierre las puertas y coloque una cortina en las ventanas. Encienda dos velas negras fuera del círculo. Entre en el centro del círculo y susurre:

"Vampiro, te apelo. Ven a mí, cuéntame todos los secretos. Ven en paz a mi casa y cuéntame todo lo que sabes"

La presencia de un vampiro va acompañada de frío en sentido literal y figurado: se sentirá una sensación escalofriante. No hay lugar para el miedo en este ritual, el vampiro no se toma en serio a quienes le tienen miedo.

Al vampiro se le puede hacer cualquier pregunta, preferiblemente no más de tres. Al final de la conversación, despídase del invitado, agradézcale y mantenga las palabras:

"Ve de dónde vienes. Vete como si no estuvieras invitado. Sal de mi casa y no vuelvas"

Cuando el vampiro abandone la habitación, recoja la sal del suelo y rocíela en el umbral y los alféizares de las ventanas para que no pueda regresar como un invitado no solicitado.

¿Cómo despertar el espíritu del deseo?

En primer lugar, es importante recordar que comunicarse con fuerzas etéreas no es un juego de niños. Si hace algo mal, puede alterar el equilibrio entre nuestro mundo y el siguiente. Las consecuencias pueden ser impredecibles. Entonces, la respuesta a la pregunta de si invocar espíritus es peligroso, es obvia. Por supuesto, no es seguro, pero a veces la experiencia vale la pena. Así es, debe recordar algunas reglas muy importantes:

Pídale ayuda al espíritu y atraiga su fuerza para cumplir su deseo, pero esté dispuesto a pagar por ello. Si no le da nada al espíritu a cambio de su servicio, él mismo lo tomará. ¿Cuál es el precio? Lo más probable es que el espíritu que cumpla los deseos esté interesado en la vitalidad, la suerte y la salud que usted posee. Si no tienes suficiente vitalidad y la salud a veces le falla, no se involucre en este negocio.

Antes de pedir su deseo, piense si necesitará lo que pide en un año o en cinco. Considere mejor las consecuencias de satisfacer sus necesidades.

Entonces, pasemos directamente a la cuestión de cómo convocar espíritus correctamente. Hay varios rituales y cada uno funciona a su manera. Lo principal es prepararse bien y comportarse correctamente. Hay diferentes formas de convocar un espíritu. Sin embargo, los más efectivos deben realizarse en una habitación vacía y preferiblemente en completa soledad. Veamos algunas de estas opciones con más detalle:

Primer método. Quite todo lo blanco de la habitación, incluso la ropa de cama y de vestir. Después de colocar dos sillas, extienda una cuerda entre ellas y áteles dulces. Cada caramelo debe representar un deseo. Apague la luz y con voz firme, con toda su energía, diga el llamado al espíritu:

"Espíritu que satisface los deseos, ven".

Después de eso, debe pararse de espaldas a la silla durante unos minutos sin darse la vuelta. Puedes escuchar el susurro de los envoltorios de dulces que se abren. Cuando los susurros se detengan, puede darse la vuelta. Si uno de estos dulces no se come, el deseo no se hará realidad. Todo dependerá de lo realista que sea su petición.

Segundo método. Hay otra forma de convocar espíritus a su casa. Para hacer esto, exprese su deseo precisamente en una oración que tenga más contenido que la oración anterior, es decir, donde se detalla la solicitud. Cierre la puerta de la habitación, asegúrese de que no haya espejos y prepare la golosina.

Al alma invitada le gusta comer o beber. Caramelos, cubos de azúcar u otros dulces. Sirva el regalo en un plato o cuélguelo en una cuerda larga a la altura de los ojos. De espaldas a la comida, repita tres veces "¡Ha llegado el espíritu que da el deseo!". Aparecerá después de la tercera vez y podrá escucharlo comer, beber o hacer ruido. Es absolutamente imposible cambiar en este punto. Diga su deseo en voz alta y espere que su ceremonia termine en paz.

Estos métodos han sido probados por muchas personas. Sin embargo, si está pensando por primera vez en cómo convocar un espíritu de satisfacción del deseo, entonces es mejor tener en cuenta estas ideas. Tales encuentros no pasan desapercibidos, y quizás su deseo no valga las consecuencias que puedan surgir tras comunicarse con el otro mundo.

Invocar a un espíritu que responde preguntas

Desde la antigüedad, la gente creía que las almas de los muertos persiguen a los vivos, que pueden bendecir, atraer riqueza o fortalecer el cuerpo. Existen diferentes rituales para invocar espíritus, y todas las reglas deben seguirse en cada sesión, ya que no es un juego. Es importante entender que esto no es divertido y que hay que aceptar todo con responsabilidad.

Es importante comenzar la reunión después de la puesta del sol, idealmente entre las 12.00 y las 04.00 horas. Para dedicar, elija solo velas hechas de cera natural. Todas las preguntas que quiera hacer deben escribirse en papel con anticipación. Es importante retirar todos los objetos metálicos. Para aumentar las posibilidades de una conexión exitosa, mantenga incienso en la habitación. Una vez que haya conjurado con éxito un espíritu inofensivo, deberá saludarlo y comenzar a comunicarse. Al final de la ceremonia, agradezca al espíritu y pídale que abandone la habitación. La ceremonia más popular implica el uso de tableros de letras, pero veremos otras opciones.

Ritual #1

En una habitación oscura, encienda una vela y tome una aguja para colgarla de un hilo para hacer un péndulo. Es importante mantener la calma y no pensar en los demás. Luego ponga los codos sobre la mesa, empiece a balancear las agujas y repita la invocación de los dioses, por ejemplo, así:

"Aquí viene el buen espíritu".

Haga esto durante un minuto, luego detenga la aguja. Salude al espíritu y comience a hacer preguntas. Si la aguja vibra, la respuesta es "sí", si se detiene, "no".

Ritual #2

Realizar sesiones de espiritismo en las que las personas se comunican con invitados del mundo de los muertos es una actividad muy emocionante y educativa. Pero primero, sea claro: comunicarse con fantasmas es peligroso, y no debe molestarlos por curiosidad ociosa o por algún propósito trivial. Tanto los buenos como los malos espíritus pueden aparecer a su llamada. Lo mejor es realizar tales reuniones por la noche. Primero, prepare un círculo recortado de papel. Puede que sea pequeño, pero por comodidad lo mejor es hacerlo dos veces y media el diámetro de un platillo de té, ya que en su circunferencia deben caber todas las letras del abecedario y los números del cero al nueve. Si están muy juntos quizás no entienda lo que el espíritu quiere transmitirle. Por lo tanto, es mejor no ahorrar papel. En el centro del círculo mágico, dibuje una línea vertical con la palabra "Sí" a la izquierda y la palabra "No" a la derecha de la línea. Todo lo que queda es encontrar un palillo de dientes ligero sobre el que se pintará una de las puntas (puede ser con esmalte de uñas).

Así que todo está listo. Ponga el alfabeto vacío sobre la mesa, encienda una vela, ponga el palillo en el medio y diga:

"¡Fantasma, ven aquí!"

Los espiritistas recomiendan que todos los participantes del ritual expresen su solidaridad de lo que están por hacer tocando el borde del papel con la punta de los dedos e invocando al espíritu mientras se preparan para comunicarse con él.

Se puede invocar el alma de cada persona que haya vivido alguna vez en la Tierra. Después de un tiempo, el palillo comienza a moverse, lo que significa que el espíritu ha escuchado la llamada y ha venido a su encuentro. Pregúntele si quiere hablar con usted. El extremo coloreado del palillo descansará en el medio de la palabra para dar una respuesta de sí o no. Si el espíritu está de buen humor, entonces puedes continuar hablando con él de manera segura.

En primer lugar, lo mejor es hacer todas las preguntas de interés con una respuesta monosilábica: "sí" o "no".

Luego puede pasar a problemas más difíciles. Mientras el palillo se mueve irá indicando letras, y con ellas se debe armar la respuesta. No se preocupe si el palillo se mueve erráticamente al principio; a veces a los fantasmas también les gusta jugar.

Durante esta comunicación, definitivamente no debe preguntarle al espíritu sobre la causa de su muerte o vida pasada. Esto lo puede ofender o asustar. Si accidentalmente lastima a un espíritu con algo, pídale perdón y prometa nunca volver a hacer eso. Después de algunas preguntas, debe preguntarle si quiere continuar la conversación. Tal vez esté fatigado o irritado.

Una vez que haya satisfecho su curiosidad y se haya satisfecho por completo, dígale adiós cortésmente, déjalo ir, voltee el papel boca abajo y toque la mesa tres veces.

No se decepcione si el invitado no aparece en su llamada por primera vez. Puedes intentar invocar el espíritu de otra persona. Quizás la mesa ha creado una atmósfera equivocada para la adivinación. Los fantasmas detectan a los que no creen en ellos y a los que son escépticos. ¿Quién quiere comunicarse con un interlocutor así?

Sea amable e inicialmente crea en el éxito de sus esfuerzos. Entonces definitivamente todo saldrá bien.

Existen muchas escuelas de magia, cada una con su propia actitud hacia los espíritus, su lugar en la vida de las personas y el propósito de convocarlos. Por lo tanto, hay muchas formas diferentes de invocar espíritus y pasos a seguir en el proceso de invocación. Por ejemplo, un chamán a menudo llama a un espíritu para que se fusione con él, un mago a menudo llama a un espíritu para que lo sirva, algunas personas se hacen amigas de un espíritu, un espiritista trata de aprender algo de un fantasma. Creo que no es difícil adivinar que estas técnicas no siempre son compatibles y que las técnicas utilizadas en una dirección de la magia no pueden utilizarse en otra.

El secreto del espiritismo

A veces se dedican libros enteros a ciertas técnicas para solicitar la presencia de espíritus. Pero, ciertamente la más conocida nos llega con el espiritismo.

Para esta ciencia paralela, si uno quiere comunicarse con el otro mundo, debe recordar algunas reglas simples. En primer lugar, no debe iniciar una reunión con un mal objetivo. Los pensamientos deben ser buenos, para que luego el espíritu se presente y lo ayude. La ceremonia debe comenzar a la medianoche como muy pronto, y a las cuatro de la mañana como muy tarde.

Asegúrese de abrir una ventana o puerta antes de la sesión, de lo contrario el fantasma no podrá acercarse. Las reuniones deben realizarse únicamente a la luz de las velas, sin dispositivos eléctricos de ningún tipo. Retire todos los objetos metálicos de su cuerpo. Las reuniones no deben exceder una hora por día y no se deben convocar más de tres espíritus a la vez. Antes de la reunión, no debe beber alcohol y comer mucho, especialmente alimentos grasos o picantes. Las personas que quieren comunicarse con el mas allá deben creer en ese otro mundo, y no ser escépticos de todo lo que sucede. Al menos uno de los presentes debe tener un biocampo fuerte. Recuerde, a los fantasmas les gusta ser educados. Se les debe saludar y preguntarles si quieren responder a la pregunta o si están cansados. Y no se olvide de agradecer al espíritu después de la reunión.

Dado que el espiritismo suele implicar un desafío para el difunto, es extremadamente incorrecto e incluso insultante saludar a un espíritu con la palabra "Hola, ¿cómo estás?". Al final, le está deseando al difunto lo que no tiene y no puede ser por definición: salud. "¡La paz sea contigo!" es más conveniente.

No haga preguntas sin sentido ni de lo que ocurre en el más allá. Al igual que no debería invocar espíritus por diversión o curiosidad. Imagínese que lo levantan de la cama, lo refrescan con un balde de agua helada y lo despiertan de un sueño profundo. El espíritu se siente muy parecido a eso cuando es convocado. La única excepción pueden ser las almas de las personas que murieron hace menos de un mes. Al hacer preguntas, sepa que el espíritu humano retiene todas sus características psicológicas, carácter, hábitos y persistencia. Como resultado, los espíritus convocados pueden mentir. Las razones para mentir pueden variar desde el amor hasta el odio de la persona que llama. El tema del otro mundo despierta interés en muchos por conocer datos desconocidos sobre sus habitantes. Desde la antigüedad, nuestros antepasados han tratado de acercarse a estos misteriosos seres con el fin de obtener información importante de ellos.

Precauciones

Antes de invocar el espíritu de alguien con quien alguna vez estuvo cerca, comprenda que este lado de la existencia borra absolutamente todos los recuerdos de vidas pasadas. Especialmente si ha pasado demasiado tiempo desde que dejó este mundo. El fantasma apenas recuerda su pasado.

Si tiene preguntas sobre el suicidio de un amigo o de una víctima de violación, no lo haga.

Es mejor confiar tales acciones mágicas a un especialista experimentado. Tales "invitados" pueden realizar diversos ataques a la energía del hombre común, y el psíquico se defenderá perfectamente contra estas inclinaciones.

No en todos los casos la máscara de un alma atribulada responderá "felizmente" a las preguntas formuladas.

No se olvide de las llamadas naturalezas etéreas. Buscan oportunidades para el consumo de energía.

La mayoría de las veces, estas sesiones son dirigidas por la generación más joven, que están aburridos y por diversión invitan a celebridades como interlocutores: reyes, líderes, escritores, actores de cine, etc.

Tal "retirada" injustificada del Reino de los Muertos lleva al hecho de que los fantasmas reaparecen con un solo propósito: asustar a sus verdugos tanto como sea posible. Como resultado, todo puede terminar muy mal.

Capítulo 7
Demonios oscuros

Las historias de las fuerzas oscuras se han contado en diferentes idiomas y por diferentes culturas alrededor del mundo desde la antigüedad. Los demonios son uno de los personajes principales, a quienes se le atribuye la costumbre de molestar o tentar a las personas para hacer cosas terribles.

Un demonio es un espíritu maligno, un ser sobrenatural. La palabra proviene del griego. De hecho, los griegos no siempre pensaron en los malos espíritus. Pero desde el comienzo del cristianismo, estas criaturas han sido asociadas con el diablo y el reino del mal.

Por ejemplo, Baal es el dios del clima y la fertilidad. Todo el pueblo de Canaán lo adoraba. La tierra de Canaán es más o menos la actual Siria. Pasaron cientos de años antes del nacimiento de Cristo. Sin embargo, los cristianos creen en un solo Dios como su único creador, por lo que las demás divinidades son falsas o demonios.

A menudo hablamos de demonios, pero en realidad estamos hablando de seres sobrenaturales. Si alguien dice que está poseído por un demonio, en realidad está diciendo que fue atormentado por una persona malvada.

Citamos algunos de ellos:

1. Yuki-onna

Yuki-onna es un espíritu conocido como "yokai" en Japón. Este espíritu se considera lo más parecido a un demonio en la cultura japonesa. También se la conoce como "La doncella de nieve" debido a su apariencia pálida y helada. Se alimenta de las almas de aquellos a los que absorbe hasta que se solidifican como el hielo.

2. Asag

Asag es un demonio en las leyendas sumerias. Mata a personas con fiebre. Asag puede hervir peces vivos en el agua por la que nadan, y acepta a los hijos de mujeres mortales como compañeros.

3. Flauros

Es un demonio que tiene la capacidad de conocer el pasado, el presente y el futuro y quema vivas a sus víctimas. Al ver a sus enemigos, vuela sin alas y su cabello rubio se vuelve rojo sangre.

4. Furfur

También conocido como Furcifer, que significa "inferior" en latín, este demonio es conocido como el líder de 26 legiones y el Conde del Infierno. Tiene una voz ronca, una cola de fuego y, a menudo toma la forma de un ciervo durante el coito. Es capaz de controlar grandes tormentas.

5. Dullahan

El Dullahan es un demonio salvaje y temible en la cultura irlandesa que monta su caballo después del atardecer durante ciertos festivales. Dullahan, el jinete sin cabeza, apoya la cabeza sobre las manos y mira a lo lejos. Se dice que nunca debes mirarlo, ya que, si lo miras, de repente derramará un balde de sangre sobre ti.

6. Asmodeo

Este demonio, considerado el "Demonio de la ira" en la cultura persa, fue mencionado en el "Libro de Tobit", una versión dudosa de la Biblia. Incluso se dice que Asmodeo torturó a Sara (Sare, la esposa del profeta Abraham) cada vez que intentaba casarse con éste.

7. Fuga

Este terrorífico demonio proviene de la mitología balinesa. Si bien durante el día parece una persona común, por la noche se transforma en una criatura aterradora con dientes y una cara amenazante. Suele alimentarse de cadáveres en los cementerios y ocasionalmente chupa la sangre de mujeres embarazadas y de niños.

8. Abaddón/Apollyon

Aunque el nombre "Abaddon" generalmente describe un lugar, el nombre es digno de un demonio. No es un demonio ordinario, sino el líder de un ejército de langostas que solía torturar a la gente y es el gobernante del abismo.

9. Mefistófeles

Mefistófeles es uno de los demonios confesos de la cultura alemana, la mano derecha de Lucifer, que vendió su alma por el conocimiento eterno y la magia. Más tarde, como el primer Majin, comenzó a recolectar almas malditas y a intercambiarlas con aquellos que querían venderlas.

10. Nian

Nian, conocido en la cultura china como una bestia con cuerpo de toro y cabeza de león, aparece al comienzo del nuevo año. Según la leyenda, la Bestia Nian a menudo frecuentaba las aldeas humanas y se comía a las personas y al ganado hasta que los sacerdotes taoístas la derrotaron. Su alma aún vaga.

11. Lilith

Lilith proviene de los antiguos sumerios y es uno de los demonios más antiguos que se conocen. Se cree que es un elfo oscuro peligroso con un ejército de hijos demoníacos que se cuentan por miles. Según la leyenda rabínica, Lilith fue la primera esposa de Adán. Pero ella opinaba que eran iguales, habiendo sido creados en y al mismo tiempo que Adán, y se negaba vehementemente a estar con él.

12. Krampus

Popular en la cultura germánica, este demonio es en realidad lo opuesto a Santa Claus. Con cuernos, dientes afilados y una lengua larga, Krampus se les aparece a los niños malos el 5 de diciembre, atrapándolos con campanas y cadenas para alejarlos de sus padres.

13. Kelpie

El Kelpie proviene de la leyenda escocesa y es un demonio que toma forma humana pero también puede transformarse en un caballo. Todos los lagos de Escocia, incluido el lago Ness, tienen un espíritu Kelpie. Algunos kelpies son criaturas hermosas y majestuosas, mientras que otros se alimentan de humanos.

14. Ronwe

Ronwe es conocido como el líder de las 20 legiones, o el Gran Conde del Infierno. Se lleva la vida de ancianos, animales viejos y moribundos.

15. Buer

Con la cabeza de un león y las cinco patas de cabra que giran a su alrededor como una rueda, Buer es conocido como la Gran Cabeza del infierno y Líder de las 50 Legiones.

16. Kiyohime

En la cultura japonesa, este demonio es uno de los ejemplos más famosos de Honnari Hannya (demonios femeninos que alcanzan un gran poder). Cuenta la leyenda que Kiyohime puede transformarse en una enorme serpiente que escupe fuego.

17. Cerberus

Cerberus proviene de la mitología griega y es conocido como un demonio que atormenta las almas de las personas codiciosas. Además de ser un perro grande de tres cabezas, tenía garras lo suficientemente grandes y fuertes como para desgarrar a su presa.

18. Belphegor

Belphegor es un demonio enviado por Satanás para engañar y seducir a la humanidad. Puede transformarse en una hermosa forma femenina para atraer a su presa, pero en realidad parece una bestia horrible con dientes grandes y afilados, cuernos largos y cubierta de piel.

19. Euronymus

Euronymus, mencionado en la mitología griega, fue demonizado bajo la religión del cristianismo. Se decía que se comía sus cadáveres de piel azul-negra, de ahí el nombre de Demonio y Príncipe de la Muerte.

20. Malphas

Malphas, conocido como el Gran Jefe del Infierno y líder de 40 legiones, puede aparecer como un cuervo o como humano. Construye casas, torres y castillos mientras destruye todo lo que construye el enemigo. Incluso puede destruir los deseos o pensamientos de un enemigo.

21. Behemoth

Se cree que proviene de la cultura egipcia, este demonio es el espíritu del desierto y a menudo aparece como un elefante gordo o una ballena. Considerado el gobernante de la glotonería, el Behemoth también es el administrador del infierno.

22. Adramelech

Aunque el nombre de Adramelech significa literalmente "Señor del Fuego" en hebreo y babilónico, fue adorado como un dios del sol. Tiene la cabeza de una mula, el cuerpo de un hombre y las plumas de un gran pavo real. Los adoradores de Adramelek a menudo ofrecen a sus hijos en sacrificio.

23. Beelzebub

Beelzebub (o Belcebú) es conocido en la Biblia como el príncipe de los demonios. También se le considera el Señor de las Moscas porque a menudo se parece a una mosca. También conocido como Hellmaster, se cree que es un demonio del poder y el crimen.

24. Leonard

Con tres cuernos, cara de oveja y un par de alas, este demonio se llama el Hombre de Negro, también conocido como el Maestro del Festival de la Noche del Demonio, y la forma de su cuerpo cambia constantemente.

25. Lucifer

Lucifer, cuyo nombre significa "iluminador", es el más famoso y temido de los demonios. En la Biblia, Lucifer fue uno de los ángeles más importantes que se rebeló contra Dios y fue expulsado del cielo. En algunas culturas, Lucifer no es lo mismo que el diablo. En cambio, Lucifer gobierna sobre el diablo. El antiguo Egipto y Babilonia mencionan demonios similares, conocidos como Sata y Zu, que caen a la tierra después de ser expulsados.

Capítulo 8
La técnica de la Ouija

Los tableros Ouija han ganado una inmensa popularidad y son ampliamente utilizados para comunicarse con el otro mundo. Sin embargo, no es tan fácil conseguirlo. Quienes lo usan afirman que esta propiedad ayuda en muchos casos a comunicarse con varios representantes del más allá. Creado a finales del siglo XIX para capitalizar la moda de conectar con los muertos, el proyecto generó ganancias, miedo y polémica.

La tabla Ouija está directamente relacionada con el espiritismo, que se originó como movimiento religioso en 1848 y se convirtió en religión en 1893. Al mismo tiempo, apareció el espiritismo, que se difundió en Brasil en 1857. El denominador común es que todas las religiones creen en los espíritus y en la posibilidad de comunicarse con ellos. En aquel momento, los psíquicos y las sesiones de espiritismo eran comunes y socialmente aceptadas.

En esta amplia transferencia, los medium suelen actuar como intermediarios para acceder al difunto. Los tableros parlantes con letras impresas ya eran populares en los Estados Unidos del siglo XIX, pero en 1890 el empresario Elijah Bond tuvo la oportunidad de vender uno junto con un sujetapapeles. Uno de sus colaboradores, William Fuld, pronto comenzó a hacer su propio tablero y se le atribuye la popularización del juego.

Nadie sabe realmente de dónde viene el nombre "Ouija". El folclore que rodea este tema sugiere que es una combinación de las palabras francesa y alemana para "sí": "oui" y "ja". Según el historiador Robert Murch, la junta sugirió el nombre en una reunión entre Elijah Bond y su cuñada Helen Peters. Pero es muy probable que esta manifestación tuviera que ver con el collar que llevaba Helen en ese momento, que contenía una foto de una activista llamada Ouida.

Fue durante la Primera Guerra Mundial (1914-1918) cuando las tablas Ouija se hicieron cada vez más populares, especialmente entre los católicos. En el contexto de incertidumbre y muerte, crece el deseo de aprender sobre el futuro y comunicarse con los seres queridos que han fallecido. Preocupado, el Papa Pío X en 1919 invitó al "investigador psíquico" J. Godfrey Raupert para advertir a los creyentes sobre los peligros del juego. Fue durante este tiempo que publicó "Las nuevas artes oscuras y la verdad sobre las tablas Ouija", vinculando las tablas Ouija con la magia negra.

Fue el libro de William Blatty "El exorcista" en 1971, lo que cambió la reputación del juego. El autor se inspiró en un caso real de un niño en Maryland que estuvo expuesto a un demonio mientras jugaba en 1949 y luego fue poseído por un demonio. Así, la tabla Ouija, como herramienta para hablar con los muertos, se convierte en un artefacto para invocar demonios. La adaptación cinematográfica de 1973 le sumó fama.

Con el tiempo, el uso de la pizarra ya no se asoció con la religión y se volvió más vinculado a lo oculto: los católicos, por ejemplo, hoy condenan el artículo. Pero sigue siendo popular, siendo objeto de películas como

Ouija (2014) y habiendo vendido un estimado de al menos 25 millones de unidades en la historia. Es fácil encontrar el tablero en las jugueterías: el propietario actual de la patente es el gigante Hasbro.

Los movimientos en el juego tienen explicaciones científicas. Esto se llama efecto telequinético: la influencia de las señales en el comportamiento motor involuntario. Terence Hines, profesor de neurología, escribió en su libro Pseudoscience and the Paranormal de 1988: "El tablero de dibujo está guiado por ejercicios musculares inconscientes. La ilusión de que el objeto se mueve por sí mismo suele ser extremadamente poderosa y suficiente para convencer a muchas personas de que realmente hay espíritus trabajando ".

Reglas del juego

Las reglas oficiales fueron creadas en 1891 por Novelty Kennard Company, que fue la primera en patentar el juego.

1)   Lo ideal es jugar de a dos, pero cuanta más gente haya en el grupo, más nerviosos estarán los participantes. El consejo más importante aquí es: nunca juegues solo o en cementerios. Según la cultura popular, la falta de compañía facilita que los espíritus atormenten a los jugadores. Desde el siglo XVI y especialmente desde el siglo XVII, se ha generalizado la superstición de que los cementerios suelen estar acechados por fantasmas.

2)   Antes de recibir el espíritu, es mejor establecer primero el ambiente para el juego, que incluye esperar hasta que oscurezca, apagar las luces y encender velas y ofrecer incienso. Para hablar con familiares específicos, los tableros se pueden decorar con joyas y otras reliquias del difunto.

3) Elija una persona para que sea el medio, una especie de portavoz del grupo. El tablero se puede colocar sobre las rodillas de dos participantes o sobre una mesa. Los jugadores deben colocarse a los lados o centrados en la base del tablero, pero la razón es la practicidad: ver el tablero al revés puede hacer que el mensaje sea confuso.

4) Todos los participantes deben colocar sus dedos índice y medio en el tablero de dibujo. Al comienzo del juego, la pieza de guía debe colocarse sobre la letra G. En algunos casos, dicha pieza tarda en responder. Si esto lleva demasiado tiempo, una posible solución es mover la pizarra en círculos.

5) Inicie la conversación de manera sencilla y aumente gradualmente la complejidad del problema. Algunas sugerencias: ¿Cuántos espíritus hay en esta sala? ¿Eres una buena persona? ¿Puedo saber tu nombre? Para obtener buenos resultados, todos deben concentrarse solo en los problemas del juego. Es bueno que alguien anote los movimientos del portapapeles para que la información no se olvide.

6) La forma estándar de terminar el juego es decir "adiós". Pero pueden ocurrir imprevistos. Según el médium Leonardo Trevisan, juegos como Ouija tienden a atraer espíritus juguetones o con baja moral. Si el

tablero de dibujo pasa por las cuatro esquinas del tablero, significa que hay un espíritu maligno presente. Si la pieza hace un ocho sin parar, es una señal de que el espíritu maligno tiene el control del tablero.

7) Cuando el espíritu tiene el comportamiento extraño descrito en la leyenda anterior, se debe asumir que tiene la intención de escapar del tablero. Si eso sucede, el principal riesgo es que los jugadores sean atormentados indefinidamente. También existe el riesgo de posesión, pero solo en casos extremos. Para evitar esto, finalice la conversación: ponga el tablero al revés o deletree de Z a A (o de 9 a 0).

Casos oscuros

Para finalizar este libro, se describen cuatro historias reales (y aterradoras) relacionadas con los tableros Ouija.

La amenaza del espíritu

La obsesión de la escocesa Angela Jackson con el más allá comenzó cuando su padre murió en 2008. Durante una sesión espiritista el médium le informó que el fallecido le advirtió: "Estás pensando en usar una tabla Ouija, pero no lo hagas. No terminará bien". La mujer ignoró las advertencias y bromeó con sus amigos y jugaron a la Ouija. Cuando leyeron lo que estaba en la pizarra quedaron aterrados "muere perra". Meses después, la mujer fue atacada por un hombre que dijo lo mismo antes de darle un puñetazo en la cabeza.

Ángela sobrevivió y denunció el incidente a la policía, pero nadie fue arrestado ni considerado sospechoso.

Turistas obsesionados

En 2014, tres jóvenes fueron hospitalizados en la ciudad de San Juan Tlacotenco, México, alegando posesión de espíritus malignos. Alexandra Huerta estaba jugando una sesión con la tabla Ouija con su hermano Sergio y su primo Fernando Cuevas cuando comenzó a gruñir y moverse de una manera "extraña". Poco después, Sergio y Fernando sufrieron pérdida del conocimiento y alucinaciones. Los jóvenes fueron asistidos por paramédicos, quienes les aplicaron analgésicos, tranquilizantes y colirios.

Orden de matar

En 2007, los jóvenes Joshua Tucker y Donald Schalchlin usaron una tabla Ouija para preguntar a los espíritus si debían convertirse en asesinos en serie. La hipotética alma incorpórea estuvo de acuerdo y ordenó que mataran primero a una mujer que sea madre. Ese mismo mes, Tucker mató a puñaladas a la madre y la hermana de Schalchlin. Donald ayudó a Joshua en los crímenes escondiendo el cuerpo de su madre y hermana. Los dos intentaron huir, pero fueron capturados por la policía. Schalchlin fue condenado a 9 años y medio y Tucker a 41 años.

Posesión diabólica

En 1976, el estadounidense Gary Gilmore disparó a dos hombres en Utah, Estados Unidos. Fue arrestado por el crimen y se ordenó su ejecución, lo que tuvo lugar al año siguiente. En 1994, su hermano menor, Mikal, publicó un libro sobre su infancia. Según él, su madre Bessie creía que había entrado en contacto con un espíritu maligno cuando era niña durante un juego de Ouija. Ella dijo que este espíritu se quedó con su familia, especialmente en Gary. Para Bessie, fue el espíritu lo que impulsó a su hijo a cometer los asesinatos.

#######

Milton Keynes UK
Ingram Content Group UK Ltd.
UKHW020942221123
433051UK00020B/994